Scéal Hiúdaí Sheáinín

Eoghan Ó Dónaill

a scríobh

Anraí Mac Giolla Chomhaill

a chóirigh an t-eagrán seo

AN GÚM

Baile Átha Cliath

578852

An chéad Chló 1940
An dara Cló 1945
Eagrán nua 1997

ISBN 1-85791-187-3

Tá na foilsitheoirí buíoch de John Ghráinne Ó Duibheannaigh, Rann na Feirste, a chuir eolas faoin údar ar fáil, agus de Roinn Bhéaloideas Éireann a sholáthair ábhar clúdaigh.

Clúdach: Bothóg fhód *circa* 1900 © Músaem Uladh
Arna chlóchur ag Printset & Design Ltd.
Arna chlóbhualadh in Éirinn ag Criterion Press Tta.

Le ceannach díreach ó:
Oifig Dhíolta Foilseachán Rialtais,
Sráid Theach Laighean,
Baile Átha Cliath 2.
nó ó dhíoltóirí leabhar

Nó tríd an bpost ó:
Rannóg na bhFoilseachán,
Oifig an tSoláthair
4 - 5 Bóthar Fhearchair,
Baile Átha Cliath 2.

An Gúm, 44 Sráid Uí Chonaill Uacht., Baile Átha Cliath 1.

Clár

Caib		Lch
I	Laetha na Scoile	7
II	An Lagán	12
III	Diabhlaíocht a Rinne Mé	22
IV	M'Athair Mór	31
V	Airneál tigh Shéamais Mhaitiú	35
VI	Séasúr in Albain	43
VII	Fómhar Luath i Kelso	54
VIII	Airneál tigh Dhónaill Ruaidh	59
IX	Scéal Ned Jack	66
X	Scéal Chroíáin	72
XI	Gasúr na gCos Mór	76
XII	Scéal Chathaoir Uí Dhoirnín	81
XIII	Mar a Tugadh as Tuathal na Gruaige	83
XIV	Banríon an Uaignis	87
XV	An Baollach agus an Dálach	91
XVI	Goll mac Morna	102
XVII	An Gobán Saor	106
XVIII	In Albain Arís	112
XIX	An Iomáin	131
XX	Caitheamh na Cloiche	135
XXI	Damhsaíocha	137
XXII	Lá Fhéil' Pádraig	141
XXIII	Lá Fhéil' Bríde	146
XXIV	Oíche Shamhna	149
XXV	Mo Phósadh agus Mo Shaol Ó Shin	152

I

Laetha na Scoile

Rugadh agus tógadh mise i Rann na Feirste. An 12ú lá de mhí na Samhna 1853 a tháinig mé ar an tsaol. Seán Ó Dónaill ainm m'athara agus Ciot Ní Dhónaill ainm mo mháthara. Saor adhmaid a bhí i m'athair agus bhíodh sé ar shiúl leis achan áit fríd an tír, ag déanamh tuirní, ag déanamh drisiúr, agus achan chineál dá ndéanadh lucht a cheirde. Nuair a bhí mé deich mbliana cuireadh chun na scoile mé, agus is maith mo chuimhne ar an lá sin. Chuir mé suas do ghabháil, ach sin a raibh ar a shon agam. Thug m'athair leis slat, agus dúirt sé go gcaithfinn a ghabháil. Ní raibh aon duine le bheith liom a dhéanfadh an t-eolas domh ná a d'inseochadh m'ainm agus mo shloinneadh is m'aois i mBéarla don mháistir. Nó chuala mé go minic an chuid eile de na páistí ag rá nach raibh aon fhocal Gaeilge aige, agus dá gcluineadh sé iadsan ag caint i nGaeilic go mbuailfeadh sé iad. Chonaic Dia mé féin gan aon fhocal Béarla agam agus a fhios agam nach raibh Gaeilic ar bith ag an mháistir! D'inis m'athair domh uair nó dhó caidé a déarfainn. Ní raibh mé ábalta mo theangaidh a chur thart ar an Bhéarla ar chor ar bith. Thiocfadh liom Hugh O'Donnell a rá ceart go leor, ach ní raibh mé ábalta lámh ar bith a dhéanamh den chuid eile.

"Is tú an dobhrán ceart!" arsa m'athair. "Go n-amharca Dia ar an mháistir a bhfuil aige le Béarla a fhoghlaim duit!"

"An ea nach ndéanfadh Hiúdaí Sheáinín gnoithe domh a rá?" arsa mise.

"Ní dhéanfadh," ar seisean. "Ní thuigfeadh sé thú. Níl Gaeilic ar bith aige."

Fá dheireadh chonaic mé scaifte de chuid gasúraí na comharsan ag déanamh aníos ar an teach s'againne agus iad ar a mbealach chun na scoile — Paidí na Rocs, Éamann

7

Ghruagáin, Bodán Bhraighní agus Donnchadh an Áilleagáin. Bhí Éamann ina ghasúr mhór. Bheadh sé tuairim is a ceathair nó a cúig déag de bhliana san am.

"Tá mé ag brath Hiúdaí beag a chur chun na scoile inniu," arsa m'athair. "Tusa, a Éamainn, ós tú is seanchríonta, nár chóir go n-inseochá ainm Hiúdaí, agus a shloinneadh agus an lá a tháinig sé ar an tsaol, don mháistir. Tá cloigeann rómhór air féin," ar seisean, "agus níl sé ábalta cuimhne a choinneáil air i mBéarla."

"Dhéanfaidh mise sin, cinnte," arsa Éamann.

"Maith an fear thú!" arsa m'athair. "Anois bí thusa leofa," ar seisean liomsa, "agus bí i do ghasúr mhaith go dtara tú ar ais."

D'imigh muid linn. In Anagaire a bhí an scoil déanta, agus bhain sé gearrthamall maith asainn a ghabháil, mar bhí an cosán garbh aimhréidh. Bhí an chuid eile ní ba mhó agus ní ba seanchríonta, agus eolas an bhealaigh acu ní b'fhearr ná mise. Níor bhain truisleadh ar bith daofa. Ach faraor, mise bocht! Níor luaithe a bhí mé amuigh as slodán ná a bhí mé istigh i gceann eile. Ní raibh bróg ná stocaí orm, agus bhí clábar orm suas go dtí an dá shúil. Thug mé fiche in amhail pilleadh ar ais chun an bhaile, ach bhí eagla orm go mbuailfeadh m'athair mé. Fá dheireadh tháinig muid ar amharc na scoile.

"Siúd an scoil anois, a Hiúdaí," arsa Éamann.

D'amharc mé féin uirthi. Seanteach fada ceann tuí a bhí inti agus í déanta ar bhruach na farraige. Nuair a tháinig muid ní ba deise daoithi bhí gasúraí agus girseachaí le feiceáil againn ag tarraingt uirthi. Iad uilig cineál brónach ag amharc. Tháinig muid go dtí an doras, agus isteach linn. D'amharc mé féin thart, agus mo bhearád i mo láimh agam. Ní raibh a fhios agam caidé a dhéanfainn leis. Chonaic mé moll mór bearád caite istigh i bhfuinneoig a bhí ann. Síos liom agus chaith mé mo bhearád féin isteach i gcuideachta na codach eile. Ansin tháinig mé aníos agus shuigh mé ag taobh Phaidí na Rocs. Tháinig iontas an domhain orm nuair a chonaic mé an méid páistí a bhí ann. Ní raibh a fhios agam faoin spéir cá háit a dtáinig a leath as. Bhí an máistir é féin ina shuí thuas ag seantábla a bhí ag taobh na tineadh agus é ag scríobh i leabhar mhór a raibh an dúmhéid inti. Ní thiocfadh liom mo shúil a thógáil ón mháistir. Chonacthas domh nach bhfaca mé aon fhear riamh a bhí chomh trom leis. Ní raibh bearád ar bith air — sin an rud ba mhó a chuir iontas orm. Sa deireadh dúirt sé rud inteacht. Níor thuig mise caidé an rud é, ach thost an scoil uilig. Nuair a bhí sin déanta aige dhruid sé an leabhar mhór agus d'fhoscail sé leabhar bheag eile agus thoisigh sé a léamh amach aisti. Ní thiocfadh liomsa mo shúil a thógáil as ar chor ar bith. D'amharc sé anuas orm sa deireadh, agus tháinig sé anuas a fhad liom. Labhair sé liom agus chuir sé aoibh an gháire air féin. Níor dhúirt mise dadaidh. Ní thiocfadh liom a dhath a rá sa teangaidh sin. Tháinig Éamann Ghruagáin anuas. D'inis sé cibé a bhí de dhíobháil air dó, agus scríobh an máistir síos sa leabhar mhór é.

Bhí dóigh bhreá orm féin, an chéad lá, gan a dhath agam le déanamh, ach i mo shuí ansin ag breathnú na scoile agus an mháisteara. Sílim gur sé suíocháin a bhí inti — suíocháin mhóra fhada a bhí ag gabháil ó thaobh go taobh na scoile. Agus thug mé fá dear go raibh suíochán amháin ann a raibh i bhfad ní ba mhó ann ná a bhí i suíochán ar bith eile, cibé ba chiall dó. Bhí na ballaí chomh dubh leis an tsúiche agus gan cuma orthu go deachaigh a dhath aoil orthu ó rinneadh an scoil. Bhí áit tineadh inti fosta, ach ní raibh tine ar bith ann an lá seo. San earrach a bhí ann, agus ní raibh an aimsir fuar. Creidim gur sin an tuige. Bhí lear pioctúireacha thart leis na ballaí. Trí fuinneogaí a bhí uirthi — beirt ar an taobh thiar agus ceann amháin ar an taobh thoir. Doras amháin a bhí uirthi, agus urlár cré ghorm a bhí inti. Sin an seort scoile a bhí inti, agus ní raibh lá loicht uirthi san am sin.

Ar scor ar bith, chuir mé isteach an lá sin gan mórán a fhoghlaim. Ní bhfuair mé leadhb den tslait féin, ach níor spáráil sé orm í ón lá sin go dtí gur fhág mé an scoil, trí bliana ina dhiaidh sin. Dá mbínn i muinín na slaite, níor dhadaidh é i dtaca le holc, ach tharraingeadh sé na cluasa agus an ghruag agam fosta. Bhí an dúfhuath agam uirthi. B'fhearr liom rud ar bith a dhéanamh ná a ghabháil chun na scoile. Is iomaí uair

a chuaigh mé i bhfolach, agus chóir a bheith nach deachaigh
mé i bhfolach riamh nach dearnadh spiadóireacht orm. Ar
ndóigh, bhuailtí sa bhaile mé go dtugtaí bogmharbhadh orm;
ach ní choinnínn cuimhne air ach go n-imíodh an ghreadfach
as na másaí agam.

Nuair a tháinig an trí a chlog fuair muid cead ár gcinn. Bhí
mise anuas leis na gasúraí a bhí suas liom. Cuireadh ceist orm
caidé mar a thaitin an scoil liom. Dúirt mé féin nach raibh
dúil ar bith agam inti — gur shíl mé nach bhfeicfinn baile ná
áit choíche. Tugadh orm cóta an bháinín a bhaint díom, agus
crochadh ar thaobh an bhalla é go dtí an darna lá. Cuireadh
seancheann eile orm nach raibh a dhath ann ach paistí uilig.
Ansin thug mo mháthair teallachán domh, a bhí de chois na
tineadh, agus babhal bláiche.

Chuaigh mé ar ais an darna lá, ach ní raibh sé chomh sóúil.
Chuir sé a dh'obair mé cosúil leofa uilig. Thug sé scláta agus
pionsail scláta domh. Ar ndóigh, ní raibh a fhios agamsa caidé
a dhéanfainn. Thoisigh mé a tharraingt pioctúireacha ar an
scláta agus a dhéanamh stríocach. Sin mar a chuir mé isteach
an darna lá, agus achan lá ar feadh thrí mí.

Ba mhaith riamh é go deachaigh mé i gceann an *tablet*. Bhí
dúil mhór againn a bheith ag coimhéad air. Bhí litreacha
iontach deasa air, agus bhí corrphioctúir deas fosta air. *Tablet*
mór a bhí ann agus é crochta ar thaobh an bhalla.
A,B,C,D,E,F,G a bhí ar an chéad duilleoig. Ní raibh a dhath
de mhoill iad sin a fhoghlaim. Nuair a bhí siad foghlaimnithe
againn thiontaigh sé an duilleog sin isteach faoi chorda, agus
nocht duilleog eile a raibh *a-n AN, o-x OX, m-y MY, i-t IT*
air. An tríú ceann a tháinig *Pat has a drum*. Níl cuimhne agam
ar an cheathrú ceann. Sin a fhad agus a chuaigh mise go raibh
an *tablet* agam. Ní cuimhneach liom go bhfuair mé leabhar
ar bith riamh. B'fhearr liom gan a fháil an t-am sin, nó bhí
an saol ródheas le bheith ag smaointiú ar leabharthaí. San am
chéanna is minic ó shin a thug mé mo chrá nach dearn mé
úsáid ní b'fhearr de mo chuid ama nuair a bhí mé ar an scoil.
Is minic a gheobhainn geafaireacht in Albain ina dhiaidh sin
dá mbíodh measarthacht léinn agam; ach nuair nach raibh,

ní raibh ní b'fhearr le déanamh agam ach a ghabháil i gceann na piocóide agus na sluaiste mar fhear. Ní cuimhneach liom go bhfaca mé an cigire riamh ar an scoil. Ach tá a fhios agam go mbíodh sé ann, ach nach bhfaca mise riamh ann é. Ar dhroim beathaigh a thigeadh sé. Cheangladh sé an beathach i dteach de chuid na comharsan agus ansin bhaineadh sé an scoil amach. Chuireadh sé ceist ar achan scoláire. Dá mbíodh a fhios agat an cheist sin, rachfá isteach i leabhar úr, agus mura mbíodh a fhios, chaithfeá fanacht bliain eile sa leabhar a raibh tú ann. Ní thugadh sé ach ruaig amháin sa bhliain. I mí an Mhárta is minice a thigeadh sé.

Bhí drochshaol ann an uair sin de thairbhe bidh agus éadaigh. Ní raibh an bia chomh maith agus atá sé anois, agus ní raibh an t-éadach chomh maith ach a oiread. Cótaí báinín bhrocaigh a bhíodh ar na gasúraí, agus bhíodh na cótaí orthu go mbíodh siad a ceathair nó a cúig déag de bhliana. Seacaid chorda an rí, máirtíní agus bearád orthu a dtugadh siad ''Glengarry'' air agus darna achan spot dearg agus bán thart ar a chiumhas. Mar an gcéanna leis na girseachaí; cótaí báinín a bhíodh orthu agus ró cnaipí ceangailte thiar ar a gcúl. Gan a dhath ar a gceann ach a gcuid gruaige cíortha fána gcluasa. Brachán mine buí, nó teallachán, a bhíodh againn ar maidin, teallachán arís ar theacht chun an bhaile ón scoil dúinn, agus brúitín a bhíodh ar an tsuipéar. Sin an bia a bhíodh againn, agus bhí achan fhear againn chomh folláin le fia, i bhfad níos folláine ná na gasúraí atá ag éirí aníos anois.

Chuir mé trí bliana isteach ar an scoil — trí bliana céasta, chonacthas domh féin san am sin. Ach an té a chuirfeadh ceist anois orm, bheadh athrach scéil agam le hinse dó. M'athair a d'iarr orm fanacht sa bhaile. Is cosúil go raibh mo chuidiú de dhíth air. Shíl mé nach raibh aon duine bocht ar mo chineadh an lá sin, agus ó tharla go raibh mé go beag de chéill, ar ndóigh ní raibh.

II

An Lagán

Mar a d'inis mé duit cheana féin, saor adhmaid a bhí i m'athair, ach ní raibh an cheird chomh díolta an uair sin agus atá sí anois. Is minic a chuala mé é ag rá gurbh iomaí lá cruaidh oibre a chuir sé isteach gan díolachán ar bith a fháil ach é a thógáil ar feadh an lae. Ba é an saor ab fhearr san áit é, agus ar an ábhar sin, gheibheadh sé an obair uilig le déanamh. Is beag lá nach mbíodh sé ar shiúl de thaobh inteacht. Ach mar sin féin, thug sé a sháith i gceart dó a bheatha a thabhairt i dtír. Dá mbíodh airgead aige, ní dóiche go mbeadh fiacha ormsa fostó a chur isteach ar an Lagán, i gceann mo cheithre mblian déag. San am chéanna ba chuma liom ach a bheith réidh leis an scoil. Rachainn áit ar bith, nó dhéanfainn rud ar bith, ach a ghabháil chun na scoile.

Sa tseanam bhíodh aonach fostaíoch ar an tSeanbhaile i Leitir Ceanainn, i dtrátha na Féil' Bríde, agus théadh cuid mhór aosa óig as an chompal seo amach fá choinne fostó a dhéanamh go ceann leathbhliana. Cuid a thiocfadh chun an bhaile nuair a bhíodh an leathbhliain thuas agus cuid nach dtiocfadh. Creidim go rachadh cuid mhór de sin de réir mar a bhíodh an tseanáit ina sásamh. Dá mbíodh an tseanáit maith, d'fhanóchadh siad séasúr eile, agus mura mbíodh, ba mhó ab fhaide leofa go mbíodh na sé mhí thuas. Tá an t-aonach céanna ann go fóill ach ní théid a oiread amach anois agus a théadh sa tseantsaol. An méid a théid amach anois, bíonn tuarastal níos airde le fáil acu, ach má bhíonn féin, bíonn siad ina sclábhaithe a fhad agus a bhíonn siad ar fostó ar an Lagán. Ní raibh mórán sílte acu dínne nuair a bhí muid ag tarraingt amach. Bhí níos mó sílte acu den mhadadh, agus creidim go bhfuil chomh beag sílte acu den dream óg atá ag tarraingt amach anois.

Nuair a bhí sé ag druidim leis an Fhéil' Bríde dúirt m'athair liom féin go gcaithfinn réidh a dhéanamh agus a ghabháil chun an Lagáin. Is é rud a d'éirigh mo chroí féin, má bhí a dhath ann, nuair a chuala mé iomrá ar an Lagán. Dá mbíodh a fhios agam caidé a bhí romham, ní éireochadh; ach ní raibh mé ar an choigrích riamh. Mar sin de, ní raibh a fhios agam caidé an difear a bhí eadar na coimhthígh agus an baile. Ach bhí a fhios agam luath go leor é. Fuair mé amach sula raibh mé coicís ann gur dhoiligh an baile a shárú.

Bhí gasúr eile ina chónaí ag mo thaobh a dtugadh siad Seán Ó Baoill air. Is fada an duine bocht ar shlua na marbh — go ndéana Dia grásta air. D'fhás an bheirt againn aníos i gcuideachta a chéile agus bhí muid inár dhá gcomrádaí mhóra. Níor mhaith liom féin a ghabháil chun an Lagáin gan Seán a bheith liom. Agus bhí a fhios agam dá n-iarrainn air é nach ndiúltóchadh sé mé.

Oíche amháin agus muid ar ár mbealach chun an bhaile i ndiaidh a bheith ag airneál tigh Chroíáin, d'inis mé féin dó go raibh mé ag brath a ghabháil chun an Lagáin.

"Má tá tusa ag gabháil," ar seisean, "ní fhanóchaidh mise i do dhiaidh. Rachaidh mise fosta."

"Sin an rud is maith liom," arsa mise, "ach bhí cotadh orm a iarraidh ort a bheith liom. Caithfidh tú réidh a dhéanamh go gasta," arsa mise, "nó beidh an t-aonach ann Dé hAoine." Oíche Mháirt a bhí ann.

Rinne mo mháthair péire máirtíní domh agus rinne máthair Sheáin péire eile do Sheán. Rinneadh suas an bunal dúinn agus ní raibh sé trom — seanléinidh, agus bunbhríste báinín do achan fhear. Bhí muid furast a chur amach an t-am sin. Ach níorbh é sin féin é. Ní raibh an rathúnas ná an saibhreas céanna ann, faraor!

Nuair a tháinig an mhaidin cuireadh i mo shuí mé leis an lá. Fuair mé bricfeasta aráin bhuí agus cupla préata rósta. Bhí cumhaidh orm agus níor ith mé a oiread agus ba ghnách liom a ithe maidineacha roimhe sin. Chuir mo mháthair dhá phíosa aráin bhuí isteach i bpóca mo bhríste. Thug m'athair ocht bpingine déag domh. Fuair mé greim ar mo bhunal; d'fhág

mé slán acu, agus d'imigh mé síos na fargáin ag tarraingt ar
theach an Bhaollaigh. Casadh Seán bocht domh ar an chosán
agus é ag caoineadh cionn is é a bheith ag fágáil an bhaile.
Nuair a chonaic mise an fear eile ag caoineadh, chuaigh mé
féin a chaoineadh fosta, agus chaoin an bheirt againn go raibh
muid amach as amharc na dtitheach.

"Á," arsa mise, "ní chaoinfimid níos mó. Ar ndóigh, níl
neart air. Caithfimid an baile a fhágáil, agus is í an
bhochtaineacht is ciontaí leis."

Ach ní raibh maith a bheith ag caint leis. Chaoin sé leis, agus
bhí achan snag á bhaint amach as ar mhéad agus a bhí a chroí
á bhriseadh. Bhí mise ag iarraidh a bheith ag comhrá leis agus
ag tabhairt uchtaí dó, ach ní raibh maith domh ann. Chaoin
sé leis go raibh sé amuigh ag Loch an Ghainimh. Ba é sin an
chéad áit a dtug mé fá dear fonn comhráidh ag teacht air.

Bhí cosán fada righin romhainn. Deich míle fichead a
chuntaiseadh siad air san am sin. Bhí na bealtaí garbh.
Chaithfeá do choiscéim a thoghadh — sin nó a ghabháil síos
go dtí na glúine in áiteacha ann. Agus ní raibh ann ach ag fiafraí
an bhealaigh i gceann achan ghiota. Amannaí chuireadh siad
ar an bhealach cheart muid, agus amannaí nach gcuireadh.
Chuaigh muid isteach i dteach amháin a bhí ann a chur eolas
an bhealaigh. Is é rud a fágadh siocaithe ag gáire iad fúinn.
Cibé acu faoinár gcuid Béarla nó fúinn féin níl a fhios agam,
ach b'éigean dúinn tiontó amach ar ais agus muid a fhad ar
aghaidh ag teacht amach dúinn agus a bhí ag gabháil isteach
dúinn.

Shiúil muid linn giota eile, agus casadh beirt eile ghasúr
orainn ag tarraingt amach chun aonaigh. Bhí aithne againn
orthu — Séamas Ruairí agus Séamas Sheáin Óig as Loch an Iúir.
Tháinig uchtach chugainn nuair a chonaic muid iadsan ag
tarraingt amach fosta. Bhí siadsan amuigh roimhe, agus bhí
eolas an bhealaigh acu.

Nuair a tháinig muid a fhad leis an Losaid chuaigh muid uilig
isteach i dteach a bhí ann. Is cosúil go raibh aithne ag muintir
an tí ar an bheirt ghasúr eile, nó labhair siad leofa ina n-ainm.
Gaeilic a bhí an bhean a chanstan fosta. Chuir seo iontas orainn

féin. Fuair muid greim bidh le hithe agus é de dhíobháil orainn. Rinne muid ár scíste go maith. Nuair a bhí ár n-anál tarraingthe chuaigh muid chun an bhealaigh arís, agus níor stad muid go raibh muid istigh i Leitir Ceanainn. Bhí na cosa nimhneach i gceart againn, ní nach ionadh, ach caidé a bhí le déanamh? Fuair muid uilig lóistín an oíche sin i gcuideachta a chéile. Bhí níos mó ná an ceathrar againn ann. Níorbh as na Rosa iad, ar scor ar bith, nó Béarla a bhí siad a chanstan. Ach Béarla is uile mar a bhí acu, rinne muid suas leofa, agus chuir muid isteach oíche bhreá go ham luí. Nach maith a rinne muid an oíche sin a bheith againn agus ár sáith cuideachta a dhéanamh, nó ní bheadh an darna ceann againn go mbeadh ár bhfostó istigh.

Tháinig an lá arna mhárach — lá an mhargaidh. Níor luaithe a bhris ball bán ar an lá ná a bhí muid inár suí agus gléasta fá choinne fostóidh. Chaith muid bricfeasta measartha agus chuaigh muid amach fríd an bhaile. Bhí iontas an domhain orm féin nuair a chonaic mé na tithe móra agus na fuinneogaí móra a bhí orthu. Chruinnigh an t-aonach isteach agus níorbh fhada go raibh an baile dubh le daoine.

Rinne mise fostó le fear as Droim Caoin a dtugadh siad Robert Caldwell air, agus ba é an tuarastal a fuair mé punta seal na leathbhliana. Rinneadh Seán Ó Baoill a fhostó fosta, agus cúig is punta a fuair seisean. Thug mo sheanduine féin leis mise go luath, agus d'fhág mé Seán i mo dhiaidh ansin i Leitir Ceanainn agus é ag caoineadh. Bhí an oíche ag titim nuair a bhí muid sa bhaile, agus bhí mo sháith cumhaidhe orm nuair a fágadh liom féin mé i dteach nach raibh aon fhocal Gaeilge ann, agus gan Béarla ar bith agamsa ach cibé a fuair mé ar an scoil. Tugadh mo shuipéar domh — a cúig nó a sé de phréataí agus babhal bláiche.

Taispeánadh mo leabaidh domh. Ar an urlár a bhí sí déanta. Gráinnín cocháin, mála mór os cionn an chocháin in ionad braitlín, seanphlaincéad agus dhá mhála eile os cionn an phlaincéid — sin an leabaidh a bhí agam. Chuaigh mé ar mo ghlúine agus ghuigh mé Dia go dúthrachtach; ansin bhain mé díom mo cheirteach agus chuaigh mé a luí. Bhí na málaí iontach garbh ar mo chraiceann, agus ní raibh mé ábalta codladh. Luigh mé ansin muscailte go ceann fada go leor. Bhí mé ag smaointiú ar an bhaile, ar m'athair agus ar mo mháthair, agus leis an scéal a dhéanamh níos measa, ní raibh mé saor ó uaigneas ach a oiread. Ach ba ghairid gurbh éigean domh mo chroí a chur in áit chónaithe agus dearmad a dhéanamh de na rudaí seo. D'éirigh mo chraiceann cleachtaithe leis na málaí, agus ní raibh lá iontais orm iontu.

Muscladh go luath lá arna mhárach mé. I ndiaidh mé teallachán préataí a ithe mar bhricfeasta d'iarr an fear orm an t-eallach a scaoileadh amach. Níor thuig mé é. Labhair sé róghasta le mé greim a fháil ar an rud a bhí sé a rá. Nuair a chonaic sé nár thuig mé é d'imigh sé féin agus scaoil sé amach iad agus d'fhág sé mé féin agus iad féin amuigh thíos i bpáirc, giota mór ón teach. Char chumhaidh riamh é go dtí sin. Chonacthas domh nach raibh an áit cosúil leis an bhaile ar dhóigh ar bith.

Sa deireadh chonaic mé seanbhean mhór ramhar ag déanamh anuas orm agus gogán bracháin léithi. Nuair a d'ith mé é thoisigh sí a chomhrá liom. Ach ní raibh mé ábalta í a thuigbheáil ar chor ar bith, agus d'imigh sí agus d'fhág sí ansin mé.

Chuir mé an lá sin isteach cumhúil go leor, agus is minic a cheol mé an t-amhrán sin a dtugann siad "Malaidh Ghleann Domhain" air, agus a chuala mé ag Séimisín Rua oíche amháin a bhí mé ag airneál le m'athair:

Is í an choigríoch, faraor! a mhuirbhfeadh an saol
Agus a d'fhuígfeadh na daoine buartha.
Is í a ghealaigh mo dhlaoi is a lagaigh mo chroí,
Is níl seasamh ag aon neach léithi.
Aon duine ar mhian leis mo theagasc, ná bíodh
I bhfad óna dhaoine céile,
Nó i dtinneas má bhíonn nó i leatrom ná síl
Go bhfuil na coimhthígh iontaofa i ngéibheann.

Sin mar a chuir mé isteach an lá sin, gan Béarla ar bith agam agus gan mé ábalta labhairt leofa. Bhéarfainn a bhfaca mé riamh

ar a bheith ábalta iad a thuigbheáil, ach ní raibh gar domh ann.
Bhí mé i mo bhéal gan smid nuair a bhíodh siadsan ag caint
eatarthu féin agus bhí drochdhóigh orm.
Nuair a bhí mé seachtain ann d'aithin siad orm go raibh mé
ag titim i ndroim dubhach. Bhí a fhios acu nach raibh mé ábalta
a gcuid Béarla a thuigbheáil, agus bhí truaigh mhór acu domh.
Thug siad bean chugam a raibh Gaeilic aici, de gheall ar
sheanchas a bheith agam léithi. Máire Pheadair na Binne ab
ainm daoithi. Bhí lúcháir mhór orm roimpi nuair a chonaic
mé go raibh Gaeilic aici, agus rinne mé comhrá mór fada léithi.
D'fhiafraigh sí díom cá háit arbh as mé. D'inis mé féin
daoithi gur as na Rosa mé. D'fhiafraigh sí díom cá hainm a
bhí ar mo mhuintir. D'inis mé daoithi gur Dálaigh iad, agus
bhí aithne aici orthu. D'fhiafraigh sí díom an raibh a fhios agam
cá háit a raibh Loch an Iúir, agus dúirt mé féin go raibh a fhios
agam.
"Bhail," ar sise, "sin an áit ar tógadh mise. Tá mé anseo
le cúig bliana fichead, agus mé pósta, agus níor casadh mórán
ó shin orm a dtiocfadh liom mo chomhrá a dhéanamh leofa
go dtí tusa. Thig leat a inse do do mhuintir go raibh mé á
bhfiafraí agus gur maith liom go maith iad."
Rinne sí spuaic mhór chomhráidh liom, agus bhí mé sásta
i gceart as siocair gur casadh duine orm a bhí ábalta labhairt
liom i mo theangaidh féin sa tír sin. Rinne sé maith mhór domh
mo chaint is mo chomhrá a dhéanamh i nGaeilic, agus ní raibh
a oiread cumhaidhe orm ina dhiaidh sin.
Caithfidh sé gur teach Albanach a bhí ann, nó ní fhaca mé
aon duine acu ag rá aon fhocal urnaí ó chuaigh mé ann go
dtí gur fhág mé é. Ach mura raibh siadsan ag rá a n-urnaí, ní
thearn mise dearmad den chreideamh. Ba é an tógáil a fuair
mise sa bhaile m'urnaí a rá maidin is tráthnóna, agus rinne
mé sin sa teach sin a fhad agus a bhí mé ann, ainneoin gurbh
iomaí uair a bhíodh siad ag gáirí agus ag magadh fúm nuair
a bhínn ar mo ghlúine ag urnaí. Ach ní thug mé lá airde orthu
i rith an ama. Smaointínn i gcónaí ar an urnaí a d'fhoghlaim
mo mháthair domh agus deirinn í:

"A Mhaighdean na Gile is a Bhanríon na Glóire,
Is leat a ním mo chasaoid ar maidin is tráthnóna,
Le mo thógáil ón tseachrán is mo chur ar an eolas
Is mo sheoladh go Pobal na hAithrí, an áit a siltear na
deora."

"A Mhaighdean Muire is gile ná an ghrian, a Mháthair
Dé gan smál pheacaidh, a Choinneal Mhuire as Flaithis Dé,
go gcoinní tú lasta í os cionn m'anama ar uair mo bháis."
"Gráim thú, a Dhia, in mo chroí go hiomlán. A Dhia
mhóir, adhraim agus onóraim thú."
"Creidimid do mholadh, a Mhaighdean Bheannaithe;
neartaigh linn in aghaidh ár námhad. Guímid thú, a
Thiarna, doirt do ghrásta inár n-anamannaí, ionas sinne
a fuair fios ar ionchollú Chríosta do Mhic le teachtaireacht
an Aingil go dtiocfaimis le loghaíocht a chroiche agus a
pháise chun aiséirí ghlórmhair, fríd Íosa Críosta ár dTiarna.
Amen."

Bhí go maith go dtáinig an Domhnach. Ba mhian liom féin
a ghabháil chun Aifrinn, ach ní ligfeadh siad mé an Domhnach
sin. Dá mba mhian liom a ghabháil an Domhnach ina dhiadh
sin, maith go leor. Thoiligh mé féin air seo, agus chuaigh mé
a bhuachailleacht mar a chuaigh achan lá. Nuair a tháinig am
dinnéara, scairteadh isteach orm ionsar mo dhinnéar, agus
nuair a tháinig mé isteach bhí pláta préataí romham ar an tábla,
coileach agus brot mine buí — brot nach bhfuair mise riamh
roimhe. D'ól mé spanóg den bhrot agus chuir mé cár orm féin
leis. Ní raibh dúil ar bith agam ann. Dúirt an fear go raibh mé
amaideach gan é a ól. Thuig mé an méid sin. Ach ní raibh ní
b'fhearr le déanamh ach é a ól mar bhí a fhios agam nach a
dhath eile a gheobhainn ina áit.

Teach saoithiúil a bhí ann — dhá chailligh agus seanduine.
Nuair a fuair siad eolas orm bhí siad ina gceann iontach mhaith
domh. Ní chuireadh siad i mo shuí go luath mé. Nuair a
d'éiríodh siad féin uilig ba é an chaint a bhíodh ann ag an dá
chailligh, caint ar na buachaillí a raibh siad tógtha leofa, agus
is iomaí eadradh gáirí a rinne mé fúthu. Bhí an seanduine mar

an gcéanna, ag caint ar a *sweetheart* féin. Bhí an triúr chomh
holc lena chéile; ní bheadh a fhios agat cé acu ab fhearr ná
ba mheasa. Is é an chéad rud a chaithfinn féin a dhéanamh,
corrmhaidin i ndiaidh éirí, an chailleach ba sine a thógáil agus
cúrsa damhsa a dhéanamh léithi, agus bhíodh an seanduine
ag portaíocht dúinn.

Bhí an chéad dóigh orm nuair a fuair mé aithne orthu. Shíl
mé iad a bheith dúranta i dtús ama, ach ní raibh. Ba iad ba
deise agus ba chaoithiúla a chonaic tú riamh nuair a tháinig
mé isteach ar a ndóigh. Bhí an chumhaidh ag imeacht díom
achan lá, agus ba é an deireadh a bhí air gurbh fhearr liom
fanacht ag na cailleachaí ná m'aghaidh a thabhairt ar an bhaile.

Chuaigh an t-am thart ó lá go lá go dtí go dtáinig Oíche
Shamhna agus dar liom go mbeadh an oíche sin saor agam.
D'inis mé daofa go raibh mé ag brath an oíche anocht a bheith
agam. Níor chuir siad a dhath i m'éadan. Isteach liom go dtí
cineál de bhaile mhór a bhí ann. Bhí aithne agam ar bhean
ansin a dtugadh siad Betsy Leckey uirthi. Chuaigh mé isteach
ansin, agus bhí scaifte mór aosa óig ann — clann John
Carscadon agus clann McManus as Conmhaigh. Chuir muid
oíche dheas isteach ag déanamh cleasann agus ag ithe úllaí go
dtáinig am luí. Ina dhiaidh sin bhí mé ag smaointiú go mbeadh
oíche ní b'fhearr agam dá mbínn sa bhaile. Bhainfinn níos mó
de shult as an chuideachta a bheadh ann.

Bhain mé na cailleachaí amach ar ais, agus d'inis mé an
chuideachta a bhí agam ó tháinig an oíche. Ach ní raibh maith
domh scéal nua ar bith a inse daofa. Bhí na cailleachaí ag caint
ar a gcuid stócach ar fad agus an seanduine mar an gcéanna
ag caint ar a *sweetheart* féin. An oíche seo fuair an seanduine
locht ar bhuachaill a raibh bean acu tógtha leis. D'éirigh sí
agus bhuail sí le stól é. D'éirigh an marfach eadar an triúr agus
ghread siad a chéile fríd an teach. Scanraigh mé féin, nó shíl
mé go muirbhfeadh siad mé, agus bhí mé ag brath imeacht.
Nuair a chuala siad go raibh mé ag imeacht stad siad. Rinne
an chailleach ba sine tae domh; thug sí arán agus im domh
ach gan mé a imeacht. D'athraigh mé m'intinn agus d'fhan
mé coicís eile go dtí go raibh an fostó istigh agam.

Ba í sin an choicís ab fhaide den iomlán. Achan oíche, nuair a théinn a luí, bhínn ag cuntas cá mhéad oíche eile a bhí le caitheamh agam ann — go dtí go dtáinig an oíche dheireanach fá dheoidh, agus níor chodail mé mórán an oíche sin ar mhéad agus a bhí de lúcháir orm go raibh m'fhostó istigh agam agus go raibh mé ag gabháil chun an bhaile arís.

Tháinig an mhaidin sa deireadh. Ní raibh fiacha scairt ar bith a dhéanamh orm an mhaidin sin. Bhí mé i mo shuí leis an lá agus mo bhunal pacáilte agam. B'fhada liom a bhí siad gan mo thuarastal a thabhairt domh agus d'iarr mé é. Dúirt an fear nach raibh aon leithphingin sa teach.

"Bhail," arsa mise, "is cuma; caithfidh mise mo thuarastal a fháil." Agus chuaigh mé a chaoineadh.

Nuair a chonaic siad an dóigh ar ghlac mé é, rinne siad truaigh domh agus thug siad an punta domh — an tuarastal a bhí agam. Nuair a fuair mise an punta i mo láimh, bhí mo sháith lúcháire orm. D'fhág mé slán agus beannacht acu; chuir mé an bunal faoi m'ascaill agus d'imigh liom ag tarraingt ar Leitir Ceanainn. Ní thiocfadh liom a inse an lúcháir a bhí orm an lá sin. Nuair a chuaigh mé as amharc an tí, chuaigh mé a bhreathnú an phunta agus a dhéanamh iontais de, nó ní fhaca mé aon phunta riamh go dtí é. Bhí eagla orm go mbainfí díom é. Chuir mé isteach i mbréid é, agus theann mé giota de chorda air. Is minic, minic, a leag mé mo lámh air i rith an chosáin, ar eagla go raibh sé caillte agam.

Shiúil mé liom go géar gasta, agus níor mhoithigh mé go raibh mé i Leitir Ceanainn. Bhí na slóite daoine ansin agus gan aithne agam féin ar aon duine acu. Ba mhaith liom mo sheanchomrádaí, Seán Ó Baoill, a fheiceáil ach ba deacair sin aon duine amháin a phiocadh an áit a raibh a leithéid de mholl daoine. Thit mé isteach sa deireadh leis, agus níl léamh ná scríobh ar an lúcháir a bhí orainn a chéile a fheiceáil arís.

Chuir mé féin ceist air an raibh sé ag brath fanacht amuigh an darna séasúr. Dúirt sé nach raibh, go dtug an chéad séasúr a sháith dó agus nár mhaith leis a ghabháil i gceann an darna ceann go bhfaigheadh sé a anál a tharraingt. Ní rachainn féin ach a oiread. Bhí a oiread lúcháire orm agus gur shíl mé nach bhfeicfinn an seanteach choíche.

Thug muid ár n-aghaidh ar an bhaile agus an dá bhunal chéanna linn a bhí linn ag imeacht dúinn, agus na máirtíní céanna. Nuair a tháinig muid a fhad leis an Losaid chuaigh muid isteach sa teach a raibh muid ann ag imeacht dúinn. D'aithin siad muid, ach ní bhfuair muid bia ná rud eile. Ní raibh aon leithphingin ag ceachtar againn ach ár dtuarastal, agus níor mhaith linn é a bhriseadh. Mar sin de, throisc muid go raibh muid i Rann na Feirste.

Bhí an dúlúcháir ar ár muintir romhainn, agus bhí m'athair sásta i gceart nuair a shín mise an punta dó.

"Nach maith a sheasaigh do chuid máirtíní?" ar seisean.

"Á, tá siad chóir a bheith caite," arsa mise, "caithfidh mé péire bróg a fháil as an phunta."

Chuaigh sé chun an Bhuna Bhig ar maidin lá arna mhárach, agus cheannaigh sé ábhar péire bróg domh.

"Gabh suas go Mín Doire na Slua chuig an ghréasaí anois," ar seisean, "agus fág do mhiosúr le péire bróg."

"Cha dtéim," arsa mise. "Cha dtéim amach as an bhaile. Rachaidh mé chuig Eoin Phaidí go ndéana sé domh iad."

Chuaigh mé chuig Eoin, agus nuair a chuaigh mé ar ais bhí na bróga déanta aige. Bhí mo sháith feirge orm nuair a d'amharc mé orthu. Ní raibh an bheirt cosúil le chéile. Bhí ceann acu lán ní b'fhaide ná an ceann eile agus iad díreach go maith déanta. Agus ní nach ionadh, ní raibh mé sásta a dhath a thabhairt dó orthu, ach ní dhéanfadh sin gnoithe d'Eoin. Chaithfeadh sé luach na mbróg a fháil. Nuair a chonaic mé féin nach raibh sé ag brath sotal ar bith a thabhairt domh, chaith mé an t-airgead chuige — dhá scilling a bhain sé amach as iad a dhéanamh. Bhí mo sháith mire orm. Ach dá olcas iad, b'fhearr iad ná na máirtíní. Mar sin féin, bhí mo sháith leisce orm éirí amach leofa fríd an aos óg, agus ní raibh sásamh ar bith orm go bhfuair mé caite iad.

III

Diabhlaíocht A Rinne Mé

Fear atá thaire cheithre scór bliain is doiligh dó cuimhne rómhaith a bheith aige. Ach bíonn rudaí ann agus coinníonn duine cuimhne ar leith orthu. Laetha na hóige go speisialta. Is annamh duine nach maireann na laetha sin ina chuimhne thaire laetha ar bith eile ina shaol. Bhí an diabhlaíocht i ngasúraí sa tsaol sin, agus leabhra, dhéanfadh siad rud cothrom ar bith. Ní bheadh ann ach gasúr a smaointiú ar rud agus bhí sé ar shiúl go ndéanadh sé é. Ach is mór a fuair páistí ciall ó bhí mise i mo ghasúr. Dá ndéanadh siad na rudaí anois a nínnse, mhuirbhfí iad; ach d'athraigh an saol ó shin agus fuair na daoine ciall.

Bhí seanlánúin ina gcónaí ag mo thaobh féin agus is acu a chaithinn bunús mo chuid ama. Sin an áit ar fhoghlaim mé an dóigh leis an phíopa a chaitheamh an chéad uair riamh. Bhí an aois ag luí orthu féin agus iad ag éirí creapalta go leor. Mise a théadh chun tsiopa daofa agus is é an díolachán a gheibhinn toit den phíopa ón tseanduine. Ba ghairid go raibh mé ábalta a oiread a chaitheamh leis féin. Agus ba é an deireadh a bhí air nach dtiocfadh liom a theacht gan é. B'éigean domh corr-leathunsa a cheannacht mé féin ansin, agus is minic a ghoid mé a oiread agus a cheannaigh domh é. Uibheacha is mó a ghoidinn. Bheireadh na cearca sa leabaidh acu. Ní raibh an t-amharc rómhaith ag an tseanphéire agus is iomaí uibh a chuir mé i mo phóca. Ní raibh a dhath de mhaith iontu ag cuntas ach a oiread, agus choinnigh mé pingneacha go leor uathu as an bhriseadh. Níor ghnách liom an píopa a iompar ar eagla go gcuartóchadh m'athair mé. D'fhágainn i gcónaí acu seo é, agus a gceart féin a thabhairt daofa, ní thearn siad scéala riamh orm — cibé acu le mo leas nó m'aimhleas.

Muiris Bhidí ab ainm don fhear agus Bidí Bhraighní Ruaidh

ab ainm don bhean. Bhí siad ina gcónaí i dteach beag fód ag
bun binne a bhí ann. Teach iontach beag a bhí ann, doras air
nach raibh mórán le trí troithe ar airde agus dhá throigh ar
leithead. Ní raibh fuinneog ar bith air ná simléar agus bhíodh
an teach i gcónaí lán toite. Níorbh iontas ar bith daofa féin
dath na toite a bheith orthu, agus bhí sin orthu nó bhí siad
chomh buí le aon phéire dá bhfaca tú riamh. Bhí balla fód
déanta ag cosa na leapa. ''Balla beag'' a bheireadh siad air ach
ní raibh sé ró-dhaingeandéanta, nó dá leagthá do mhéar air
thitfeadh sé.

Bhí dhá bhearach acu agus bhíodh siad i gcónaí ceangailte
ag taobh an dorais agus ní thiocfadh le aon duine a ghabháil
dá gcóir, bhí siad chomh drochmhúinte sin. Bhí an dubheagla
ormsa rompu i gcónaí. Nuair a thiginn a fhad leis an teach
sheasaínn ag an doras agus thigeadh Muiris anuas go seasaíodh
sé eadar mé féin agus na bearaigh go bhfaighinn a ghabháil
isteach. Dá mbíodh an píopa dearg ag Muiris bheireadh sé
domh é go gcaithinn toit, agus mura mbíodh, chuirinn dealán
ar mo phíopa féin. Sheasaíodh Muiris sa doras ar eagla go
dtiocfadh aon duine de mo mhuintir orm agus mé á
chaitheamh.

Chaithfeadh sé gur drabhlás ar dóigh a bhí i Muiris nuair
a bhí sé óg, nó ní dhruideadh a bhéal ach ag caint ar an am
a bhí aige nuair a bhí sé i dtús a shaoil. D'ólfadh sé an chros
ón asail achan lá riamh agus sin an rud a d'fhág é chomh bocht
agus a bhí sé i ndeireadh an lae. Bhí a chroí istigh sa bhiotáilte
agus ba chuma leis ach a bheith ag caint ar dhrabhlás agus ar
ólachán. Ach is annamh uair a gheibheadh sé aon deor le hól
fán am seo a bhfuilimid ag caint air, nó bhí an duine gránna
chomh bocht leis an deoir agus dheamhan ann ach go raibh
sé ábalta salann a cheannacht a bhéarfadh anlann dó leis na
préataí, chan ea amháin biotáilte a cheannacht. Sílim nach
gcuirfeadh Bidí suas ach a oiread dó, nó chonaic mé í ag teacht
chun an bhaile cupla lá aonaigh agus níos mó le rá aici ná ba
ghnách léithi.

Dar liom féin gur dheas bob a bhualadh orthu lá inteacht.
Mé a ghabháil agus ligean orm gur biotáilte a bhí liom chucu

go bhfeicfinn caidé a dhéanfadh siad. Chuaigh. Thug mé liom buidéal leathphionta agus líon mé d'uisce é. Fuair mé gloine adhairce agus d'imigh mé liom ag tarraingt ar an tseanphéire. "Caidé atá leat?" arsa Muiris. "Tá, biotáilte," arsa mise. "Cá bhfaighfeá thusa biotáilte?" ar seisean. "Tá," arsa mise, "fear a chonaic mé ag cur i bhfolach sibín aréir. Choinnigh mé mo shúil air," arsa mise, "go bhfaca mé cár fhág sé é, agus nuair a bhain sé an baile amach d'imigh mé agus ghoid mé é." "'Raibh mórán ann?" ar seisean. "Bhí braon maith ann," arsa mise. "Ná lig dadaidh ort," ar seisean. "Díolfaimid é agus dhéanfaimid ár saibhreas air."

Dheamhan ann ach go raibh mé ábalta na gáirí a choinneáil istigh. Líon mé amach gloine as an bhuidéal dó agus shín mé dó é. "Seo do shláinte," ar seisean. "Íocshláinte dhuit," arsa mise.

Bhí eagla orm go n-aithneochadh sé gur uisce a bhí ann agus líon mé ceann eile chomh gasta agus a thiocfadh liom do Bhidí. "Ba é do chuid riamh a bhí furast a fháil," arsa Bidí. "Seo do shláinte."

"Sláinte mhór dhuit," arsa mise.

Ach sa bhomaite ar ól sí é d'aithin sí nach uisce beatha a bhí ann. Thóg sí beo as an tinidh agus chnag sí mé féin leis. Thóg Muiris beo eile agus chnag sé mé leis. Thoisigh Bidí a mhallachtaigh. Bhí eagla orm imeacht amach ar an doras as siocair na bearaigh dhrochmhúinte. Chuaigh mé isteach sa leabaidh ag teitheadh rompu.

Thóg Muiris an maide briste agus bhí sé ag gabháil a mo bhualadh leis nuair a thug mé iarraidh suas ar an bhalla bheag. Níor luaithe a leag mise mo lámh ar an bhalla ná a leag mé é, agus shuigh mé féin anuas ina mhullach agus briseadh an chloigeann agam ar bhéal pota a bhí ann. Scaoil na bearaigh agus shíl mé gurbh é an lá deireanach agam é. Fuair mé a ghabháil amach ar scor ar bith, agus siúd Muiris amach i mo dhiaidh leis an mhaide bhriste agus Bidí leis an tuairgnín. Lean siad giota fada mé, ach má lean féin, ní bhfuair siad greim orm. Tháinig mé chun an bhaile agus m'anál i mbarr mo ghoib agam. "Gabhaim orm," arsa mo mháthair, "gurbh é rud atá tú i ndiaidh diabhlaíocht inteacht a dhéanamh anois. A reanglamáin cháidhigh," ar sise, "nuair ba cheart duit a bheith amuigh ar thóin an Lagáin ag saothrú do chodach cosúil leis an chuid eile de bhuachaillí an bhaile. Ach Féil' Bríde a theacht aon uair amháin, ní bheidh mise gaibhte níos faide leat."

Dheamhan ann ach go raibh sin ráite aici nuair a tháinig Muiris Bhidí isteach agus ga seá ann ar mhéad agus a reath sé agus achan deor allais leis chomh mór le préata beag. Dar liom féin, tá mé istigh anois leis! Thug mé iarraidh amach ach ní ligfeadh mo mháthair amach mé.

"Tá tú ag brath imeacht anois," ar sise, "nuair atá an t-olc déanta agat agus gan pilleadh ar an bhaile go dtí an oíche."

Thoisigh Muiris agus d'inis sé daoithi, agus murar chuir sé a dhath leis níor bhain sé a dhath de. Tífinnse báite i mbolgam uisce é, tá a fhios agat, nó bhí a fhios agam caidé a bhí fá mo choinne. Bhí mé ag creathnú roimh na buillí cheana féin.

Nuair a bhí an gearán déanta ag Muiris, tháinig mo mháthair anall go dtí an áit a raibh mise i mo sheasamh. Chuir mé scread asam féin a chluinfeá i mBuailidh na Binne, ag déanamh go dtabharfadh sin uirthi cead mo chinn a thabhairt domh. Ní raibh an oiread sin grásta inti. Tharraing sí chuici mé; bhain sí na brístí díom agus thoisigh orm achan áit ab fhearr a luífeadh buille, go dtí go dtug sí bogmharbhadh orm. Bhí Muiris ina sheasamh os mo chionn i rith an ama. D'fhéadfainn a ghabháil a chaoineadh ach ab é sin; ach ní thabharfainn a oiread de shásamh dó.

"B'fhéidir nach mbeadh a oiread fonn ort a ghabháil a bhobaireacht ar aon duine choíche arís," arsa mo mháthair. "Bainfidh mise an dímhúineadh asat de réir a chéile," ar sise.

Ba mhaith daoithi a bheith ag caint liomsa nó mo bhualadh! Is iomaí uair roimhe sin agus ina dhiaidh a tugadh an íospairt chéanna domh, ach ní raibh maith a bheith liom. An té a bhfuil an diabhlaíocht ann, tá sé ann agus níl maith an teangaidh ná

an tslat a thabhairt dó. Ní raibh domhsa ar scor ar bith. Bhí
mé i mo chrosdiabhal. Dheamhan ann ach go mbíodh an
ghreadfach ar shiúl as na másaí go raibh mise chomh holc agus
a bhí riamh.

Bhí níon ag Muiris Bhidí seo. Cailín iontach dóighiúil a bhí
inti. Níor ghnách léithi aon chuid mhór dena cuid ama a
chaitheamh fán bhaile. Níorbh áit rófhóirsteanach é agna
macasamhail. Chóir a bheith ón chéad bhliain a chaith sí ar
an Lagán nach dtáinig sí chun an bhaile rómhinic ní ba mhó.
Seal dá raibh sí ar cuairt sa bhaile bhuail ógánach as Cloich
Cheannfhaola suas léithi. Níor mhair an cumann i bhfad
eatarthu. Chuaigh sé chuici. Thug sé an bhean soir leis ach
ní ligfeadh an t-athair é féin ná ise isteach. Is cosúil nach raibh
sé sásta dithi. Tháinig siad anoir a fhad le Muiris agus ní
ligfeadh Muiris isteach iad ach a oiread. Ní raibh ní b'fhearr
le déanamh acu ansin ach bothóg a dhéanamh. Rinne siad sin
agus chuaigh siad a chónaí sa bhothóig.

Lá amháin bhí siad ar a ndinnéar. Bhí mé féin ag gabháil
thart agus chonaic mé iad istigh ag ithe. Bhí na préataí acu
i mbascáid i lár an urláir agus garbhánach ar phláta. Mar bhí
an diabhlaíocht ionam riamh, ní raibh ag rud ach reathaidh
fríd mo cheann agus dhéanfainn é. Dar liom féin, tógfaidh mé
tortóg agus caithfidh mé isteach oraibh é. Thóg. Leag mé an
bhascáid, an garbhánach agus an sú.

D'éirigh an fear go bhfeiceadh sé cé a bhí ag bligeardacht.
Níor smaointigh sé a cheann a chromadh faoin fhardoras, agus
leis an rása a bhí leis buaileadh a chloigeann in éadan an
fhardorais.

"A Mhaighdean Muire!" ar seisean. "Tá mé marbh!" Thit
sé isteach i lár an tí. Shíl an bhean go raibh sé ag fáil bháis
agus chuaigh sí amach ar an chnoc ag screadaigh. Chruinnigh
na comharsanaigh agus dúirt siad an paidrín. Nuair a bhí an
paidrín ráite d'éirigh an fear ar ais agus dúirt sé nach raibh
a dhath air ach mearbhlán a bhí ina cheann.

Ach níor fhan mise le a dhath. Dá luas is a rinne mé an t-olc
bhain mé na bonnaí as. Níor mhaith liom a ghabháil isteach
chun tí ar eagla go dtiocfadh sé a dhéanamh casaoide orm.

Dá dtigeadh, ní raibh a dhath fá mo choinne ach scoith greidimín; agus ba mhaith liom sin a sheachnadh achan am a dtiocfadh liom é. Bhain mé an bóitheach amach. Chuaigh mé i bhfolach i gcúl na bó agus choimhéad mé an lindéar, ag déanamh go bhfeicfinn an t-ógánach ag teacht. Nuair ab fhada liom a bhí sé gan a theacht bhain mé an teach amach. Thug mé iarraidh ar an teallachán a bhí i gcois na tineadh. Shéid mé an luaith díofa agus d'ith mé mo sháith acu tur.

Tháinig mo mháthair isteach i ndiaidh a bheith ag tabhairt a gcodach do na cearca agus ba mheasa ná buille de bhata an t-amharc a thug sí orm.

"A Mhaighdean Muire!" ar sise, "'Bhfuil a dhath le gnóthú ort, nó cá háit a raibh tú anois?"

"Bhí mé thall ag Paidí na Rocs ag foghlaim mo chuid *tables*," arsa mise.

"Ó, bhí cinnte!" ar sise. "Tá sé chomh maith agat sin a rá ar scor ar bith. Tabhair leat agus scaoil amach do chuid eallaigh, agus ná feicim aon amharc go dtí an oíche ort," ar sise.

Bhí mé féin buíoch beannachtach agus cead a fháil a ghabháil a bhuachailleacht, nó shíl mé leis an amharc a thug sí orm gurbh é rud a bhuailfeadh sí mé.

Bhí talamh againn féin san am thíos san áit a raibh Micí Óg ina chónaí. Níl Micí beo anois — go ndéana Dia a mhaith air. Scaoil mé amach an t-eallach agus chuir mé síos iad. Tús an earraigh a bhí ann — an ghrian ag soilsiú go deas, na héanacha ag seinm agus na fir ag obair sna páirceannaí ag cur síos an earraigh. Cé a bhí ag buachailleacht taobh thiar díom ach Seán Ó Baoill! Scairt mé air agus tháinig sé aniar chugam.

"Dá bhfeicfeá an nead dheas atá thiar ansin agam," ar seisean, "agus trí huibhe uirthi!"

"Ó, tá!" arsa mise. "Caidé an seort í?"

"Nead éin duibh," ar seisean. "Siúil leat siar go dtaispeána mé duit í."

Chuaigh. Bhí an t-éan ina luí uirthi agus dá luas agus a mhoithigh sé muidinne ag teacht de dheas do thom na haiteannadh, an áit a raibh an fáras déanta aige, d'éirigh sé ar eiteogaí agus chuaigh sé amach anonn gur luigh sé thall ar

Oileán na gCearc. Thaispeáin Seán an nead domhsa ansin. Tá mé ag déanamh nach bhfaighinn féin choíche í ach ab é go raibh a fhios ag Seán cá raibh sí.

"Cá mhéad nead agat?" ar seisean.

"Níl agam ach triúr," arsa mise.

"Is fearr mise ná thú," ar seisean. "Tá trí cinn déag agam. Sin trí nead éin duibh anois agam, dhá nead clochráin, ceithre nead spideoige, dhá nead riabhóige, nead buíóige agus nead lach fhiáin."

"Caithfidh sé nach bhfuil tú ag déanamh a dhath ach ar shiúl ag cuartú neadrach," arsa mise.

"Muise, ní bhfuair mé féin ach beirt nó triúr acu sin," ar seisean. "Éamann Ghruagáin agus Nóra an Rabharta a thaispeáin an chuid eile domh."

Bhí teach Sheáin Uí Árlaigh taobh thuas dínn. Teach mór fada ceann tuí a bhí ann agus bhí seanbhean mhór ina seasamh sa doras i rith an lae. Máire Dhubh Ní Eachmharcaigh ab ainm daoithi. Bean mheirgeach dhubh scáfar a bhí inti.

"A Dhia, a Sheáin," arsa mise, "tiocfaidh sí aniar agus muirbhfidh sí sinn!"

"Tiocfaidh cinnte," arsa Seán. "Sin an chuma atá uirthi."

Bhí bó agus colpach ag achan duine againn á mbuachailleacht agus bhí préataí agus coirce ar achan taobh dínn. Reath colpach Sheáin agus chuaigh sí isteach i gcuid cáil Mháire. Chonaic Máire í agus tháinig sí amach a bhagar orainn. Char eagla riamh é go dtí sin. Ní raibh uchtach ag aon duine againn an cholpach a cheapadh. B'éigean do Mháire ghránna í féin í a cheapadh sa deireadh.

Bhí an Mhachaire Loiscthe taobh thall dínn. Tá áit iontach ard thíos ar thóin na Machaire Loiscthe agus bhí teach déanta ann a raibh teach Hiúdaí Chonnacháin air. Chonaic muid Hiúdaí ag spaisteoireacht leis thart fán teach agus gan iomrá ar bith aige ar ghabháil isteach chun tí. Rinne muid amach nach raibh sé i gceart.

"Is measa duit i bhfad Hiúdaí Chonnacháin ná Máire Dhubh," arsa Seán. "Beidh sé anall agus cuideochaidh sé léithi, agus muirbhfidh siad muid." Bhí sé barr láin san am.

"Beidh cinnte," arsa mise. "Is fearr dúinn a bheith ar shiúl." D'imigh muid agus d'fhág muid an t-eallach ansin agus an coirce agus na préataí ina muinín. Ní fhanóchaimis ní b'fhaide. Bhí muid fíorchinnte go muirbhfeadh an péire muid. Ní raibh muid ar shiúl i gceart go dtáinig máthair Sheáin fá choinne a ligean chun an bhaile chuigna chuid. Chonaic sí an t-eallach sa treabhaire agus ní raibh Seán le feiceáil aici thíos ná thuas. Dar léithi, is é rud a chuaigh sé a shnámh agus báitheadh é. Chuaigh sí suas a fhad le teach Sheáin Uí Árlaigh agus chuir sí ceist ar Mháire Dhubh an bhfaca sí na gasúraí a bhí ag buachailleacht thíos ansin. Dúirt Máire go bhfaca — nach raibh siad ach i ndiaidh a ghabháil suas an cnoc ar ball, cibé áit a raibh siad ag gabháil.

"Mé ag déanamh," arsa máthair Sheáin, "gur báite a bhí siad, agus tí Dia muid leofa," ar sise, "mura doiligh dúinn intinn shuaimhneach a bheith againn ó rachaidh siad amach ar an doras!"

Ach bhain muidinne an baile amach ar scor ar bith. Níl a fhios agam caidé a d'éirigh do Sheán, ach fuair mise an íospairt chéanna a gheibhinn i gcónaí nuair a nínn a leathbhreac. Ní raibh grásta ar bith i mo mháthair, an dóigh sin. Agus nuair a bhí na másaí greadta agam cuireadh síos go Log Sháibhe Óige chuig an eallach arís mé. Bhí máthair Sheáin thíos i mbun an eallaigh.

"A Chríosta, a rún, caidé a thug oraibh an t-eallach a fhágáil?" ar sise nuair a chuaigh mé féin a fhad léithi.

"Tá," arsa mise, "Máire Dhubh is ciontaí uilig leis, agus chuir Hiúdaí Chonnacháin an tóir ar fad orainn."

"Ar ndóigh," ar sise, "bhí an lán mara eadar sibh féin agus Hiúdaí Chonnacháin."

"Is cuma caidé a bhí eadrainn," arsa mise, "bhí eagla orainn go dtiocfadh Hiúdaí anall agus Máire aniar."

Ní tháinig Seán de chóir an eallaigh an lá sin, bhí an oiread sin eagla air. Is cosúil nach bhfuair sé a oiread den tslait agus a fuair mise. Dá bhfaigheadh, chaithfeadh sé a ghabháil i mbun an eallaigh arís.

Tá cuimhne mhaith agam ar an lá chéanna, agus beidh an

dá lá de shaol a bheas agam. Ní thiocfadh leat a rá go raibh
aon chuid mhór céille againn. Ba deacair gasúraí a fháil a
bheadh chomh beag sin i gcéill anois. Ní bhfaighfeá iad. Tím
ag gabháil thart anseo iad agus iad san aois chéanna a raibh
mise an t-am sin, agus dheamhan go ndíolfadh siad ar an
aonach thú. Is fada uathu a bheith chomh soineanta ná chomh
nádúrtha leis na gasúraí a bhí ann sa tseantsaol.

IV

M'Athair Mór

Saor adhmaid a bhí i m'athair mór fosta. Is aige a chaith mé bunús mo shaoil nuair a bhí mé i mo ghasúr. Bhí sé ina cheann iontach mhaith domh, agus ar an ábhar sin nuair a níthí a dhath orm sa bhaile is air a tharrainginn i gcónaí. Is minic a chuala mé é ag inse do sheanduine eile a bhíodh istigh an dóigh ar fhoghlaim sé an cheird. Chuala mé chomh minic sin é ag gabháil dó agus nach dtiocfadh liom dearmad a dhéanamh de.

Bhí sé ar fostó in Árainn fada ó shin nuair a bhí sé ina ghasúr bheag agus ba ghnách le soitheach Shligigh a theacht thart an cósta sin nuair a bhíodh sí ag teacht as Glaschú. Amannaí thigeadh sí isteach go hÁrainn a dh'fháil earradh agus rudaí ar an oileán. Ní raibh dúil ar bith aige san oileán. Níor thaitin na daoine leis, agus b'fhearr leis imeacht agus gan a theacht dá gcóir níos mó. Rinne sé suas a intinn, an chéad uair eile a thiocfadh an soitheach isteach chun oileáin go mbeadh sé léithi, cibé áit a dtabharfadh sí é. Bhí sé tuirseach den oileán, agus leis an scéal a dhéanamh níos measa, bhí drochfhostó aige.

Tuairim is ar mhí nó mar sin ina dhiaidh sin, cuireadh a bhuachailleacht é. Tí sé an toit fad a amhairc uaidh amach san fharraige. Dar leis, nár dheas dárbh í seo soitheach Shligigh! D'fhágfainnse slán ag an oileán seo. Níorbh fhada go dtáinig an soitheach ní ba deise dó, agus tí sé í ag tarraingt isteach chun na céadh. D'éirigh a chroí le lúcháir. D'fhan sé go dtí go raibh an lasta ar shéala a bheith amuigh acu. D'fhág sé an t-eallach ansin agus bhain sé an chéidh amach. Níor lig sé a dhath air féin go bhfuair sé seans a ghabháil ar bord i gan fhios do na lámha. Nuair a fuair, chuaigh sé isteach uirthi agus chaith sé é féin i gcoirnéal chúng inteacht i dtoiseach an tsoithigh.

Nuair a bhí siad réidh thóg siad a gcuid seoltaí arís agus d'imigh siad. Ní fhaca siad an gasúr i ndiaidh an iomláin. Bhí

feothan cruaidh gaoithe ina n-éadan agus clabach go leor a
bhí an fharraige. Shíl an gasúr cupla uair go n-éireochadh sé
tinn, agus dá n-éiríodh bhí an cat as an mhála. Ach níor éirigh
i rith an ama. Caithfidh sé go raibh rud inteacht ag cuidiú leis.
Fuair siad Cuan Shligigh a bhaint amach sa deireadh agus
ní raibh buaireamh ar bith air, nó bhí sé ag éirí tuirseach den
bhád cheana féin. Chaith siad amach cibé earradh a bhí acu
le cur amach. Ansin bhain siad uilig suas an baile amach ach
fear amháin a d'fhág siad ina ndiaidh a choinneáil súile ar an
tsoitheach. Nuair a fuair an gasúr áiméar ar an chuilceach seo,
amach leis agus bhain sé na bonnaí as suas an baile. Shiúil sé
leis thart fríd an bhaile agus sa deireadh bhuail ocras é. Ach
ní raibh aon leithphinging aige le aon ghreim bidh a cheannacht
agus bhí sé i gcruachás.

Bhí sé ansin gan aon duine le truaigh a dhéanamh dó. Ba
mhaith riamh é go dtáinig an oíche. Sin an uair a chronaigh
sé an baile, gan aon áit aige lena cheann a leagan. Dá mbíodh
sé in Árainn an uair sin, d'fhanóchadh sé ann. Ar ndóigh ní
bheadh ocras air agus bheadh leabaidh aige le luí uirthi. Sa
deireadh d'éirigh sé lag leis an ocras. Chuaigh na cosa a lúbadh
faoi agus ní raibh sé ábalta siúl ní b'fhaide. Chaith sé é féin
ansin le bás a fháil. Ní raibh sé i bhfad ann go dtáinig fear thart
agus bhuail sé chun comhráidh leis an ghasúr.

"Caidé atá tú a dhéanamh ansin?" ar seisean.

"Tá mé lag leis an ocras agus níl mé ábalta a ghabháil níos
faide," arsa an gasúr.

"Caidé a d'fhág ansin thú?" arsa an fear.

Thoisigh an gasúr á inse dó. Ghlac sé truaigh dó agus thug
sé leis chun an bhaile é. Nuair a d'éirigh sé an lá arna mhárach,
bhí an fear ag brath é a chur ar shiúl ach ní chorróchadh an
gasúr dó. Choinnigh an fear é fá choinne buachailleachta. Bhí
an chéad dóigh air agus dúil mhór aige san áit, agus ní raibh
a dhath ag cur bhuartha air ach aon rud amháin. Bhí a fhios
aige go mbeadh siad imníoch fá dtaobh de in Árainn agus go
mbeadh a mhuintir sa bhaile seacht n-uaire ní ba mheasa. Ba
mhaith leis scríobh chucu, ach ní raibh aon fhocal léinn aige
agus ní raibh ní b'fhearr le déanamh aige ach neamhiontas a
dhéanamh díofa.

Chuaigh na blianta thart ar scor ar bith go dtí go raibh trí bliana caite aige ag buachailleacht. Agus ní thug sé focal dímhúinte don fhear ná do dhuine ar bith eile san áit ar feadh an ama sin. Thug an fear toil mhór dó agus nuair a chonaic sé chomh dlisteanach agus chomh hionraice agus a bhí sé, ba mhaith leis ceird inteacht a chur roimhe. Bhí sé féin ina shaor adhmaid agus dar leis nach dtiocfadh leis ceird ní b'fhearr a chur roimhe. Chuir sé ceist ar an ghasúr an mbeadh toil aige do bheith ag obair adhmaid. Dúirt an gasúr go mbeadh cinnte. Thug sé leis é agus rinne sé saor adhmaid de. Chaith sé trí bliana á fhoghlaim. D'fhoghlaim sé dó an dóigh le bádaí a dhéanamh, tuirní beaga agus tuirní móra agus achan uile chineál a mbeadh fiacha ar shaor adhmaid a dhéanamh. Dar leis an ghasúr, tá mé ceart go leor anois; tá ceird mhaith ar mo láimh agam agus is cuma liom. Níor mhaith leis an seanmháistir a fhágáil ach ní choinneochadh sé sin é ní b'fhaide. Dúirt sé leis ach ab é gur shíl seisean rud inteacht de nach bhfoghlaimneochadh sé an cheird dó a d'fhoghlaim sé, agus anois nuair a bhí ceird aige, é a ghabháil chun an bhaile go bhfeicfeadh sé caidé mar a bhí a athair agus a mháthair.

D'éirigh sé ar maidin lá arna mhárach agus thug sé a aghaidh ar an bhaile. Is iomaí duine a mbeadh neart lúcháire air ag tabhairt aghaidhe ar an bhaile i ndiaidh corradh agus seacht mbliana a chaitheamh ar shiúl. Ach níorbh é sin dósan é. Bhí a sháith cumhaidhe air ag fágáil na háite a raibh sé. B'fhearr leis i bhfad fanacht ag an tseanmháistir ná a theacht chun an bhaile.

Bealach an Chlocháin Léith a tháinig sé. Ní raibh baile ar bith ann an uair sin ach bothóg a bhí ag Séamas Stíobhairt agus Neansaí. Tá difear maith eadar an t-am sin agus anois. Ansin tháinig Larry Wally, Casey, Lillypot, McKeldie Dye agus Peggy Hat. Rinneadh tithe go leor ann ina dhiaidh sin go dtí go bhfuil ainm baile mhóir anois aige. Tháinig sé aniar leis Croich Uí Bhaoill, anuas an Diarach, aniar an Murlach agus chun an bhaile.

Nuair a tháinig sé isteach níor haithneadh é. D'fhág sé iad ina ghasúr bheag agus phill sé chucu ina bhuachaill mhór bhreá

láidir. Ní raibh lá smaointithe acu anois air, nó shíl siad gurbh
fhada an lá caillte é. Bhí a mháthair agus a athair agus an chuid
eile den teaghlach beo ar fad agus gan athrach ar bith orthu
thaire mar a bhí nuair a d'fhág seisean iad seacht mbliana
roimhe sin. Nuair a chonaic sé nach raibh dul acu é a aithne
d'inis sé daofa cérbh é féin. Bhí fáilte mhillteanach acu roimhe.
Chuir siad ceist air cá raibh sé nó caidé a d'éirigh dó. D'inis
seisean daofa óna thús go dtína dheireadh mar a d'inis mise
duitse anois agus mura raibh iontas orthu, ní an lá go fóill é.

V

Airneál tigh Shéamais Mhaitiú

Faisean a bhí ann sa tsaol sin, bhíodh na gasúraí ag airneál leis na seandaoine. Ach an seort athara a bhí agamsa níor mhaith leis an cleachtadh sin a thabhairt dúinn, agus ní ligeadh sé leis muid ach go hannamh. San am chéanna bhí mo chroí féin istigh san airneál agus ba mhaith liom a bheith leis achan oíche. Nuair a chruinníodh scaifte acu i gceann a chéile i dteach amháin b'fhiú i gceart éisteacht leis an chomhrá a bhíodh acu, bhíodh sé chomh greannmhar sin. Agus ar an ábhar sin níor mhaith liom féin oíche ar bith a ligean thart gan a bheith leis. An oíche seo bhí sé ag rá gur tigh Shéamais Mhaitiú a bhí sé ag gabháil. Dá luas is a chuala mé féin teach Shéamais luaite níor mhaith liom gan a bheith leis. Ní raibh mé ag airneál riamh roimhe ann, ach mura raibh féin chuala mé go leor fá dtaobh de Shéamas agus dena bhean. Péire greannmhar a bhí iontu nach raibh an chuid ab fhearr den chéill acu, agus is beag oíche nach mbíodh an teach lán ann. Nuair a chonaic mé féin m'athair ag gabháil amach ar an doras lean mé é. Ní sásta a bhí sé, agus chuir sé cupla brathladh orm ag déanamh go bpillfinn, ach ní raibh gar dó a bheith liom.

Nuair a chuaigh muid isteach cuireadh fáilte romhainn a dh'airneál. Shuigh m'athair ar sheanchliabh agus tugadh seanladhar ghráige domhsa le suí uirthi. Sin an seort suíochán a bhí ann. Ní raibh cathaoir ar bith sa teach ná aon cheann i mórán tithe ar an bhaile san am. Shuigh mise ansin a dh'amharc uaim, agus ba é an chéad rud a thug mé fá dear an drisiúr. Bhí ró cearc ina suí ar achan seilf agus an coileach ina shuí thuas ar a bharr mar a bheadh sé ina cheann feadhain orthu. Bhí an t-eallach thíos i gceann an tí agus gamhain óg ceangailte ag an doras druidte. Bhí an tseanbhean ina suí ar shúgán i gcois na tineadh ag cleiteáil agus an seanduine i lár

an tí ag bualadh choirce ar chúl cathaoire. Ní raibh muidinne
i bhfad uilig istigh go dtáinig seanduine eile isteach. Ba é sin
Paidí Bhell. Bhí Paidí ina chónaí thoir sa chaorán ag an Loch
Fhada. Tigh Shéamais is mó a níodh sé an t-airneál, nó is ann
is mó a bhíodh cuideachta. Strainséir mná a bhí i mbean Shéamais. Níorbh as an bhaile
seo í. Ba anoir as Sraith na Bruaighe í. Bean mhór ramhar
gharbhdhéanta a bhí inti agus í chomh bréagach leis an diabhal.
    "A Phaidí," ar sise, "'bhfuil péist mhór ar bith ar an loch
anois?"
    "Tá," ar seisean, "péist mhór uirthi."
    "Caidé an mhéid atá inti, do bharúil?" ar sise.
    "Ó, tá sí trí huaire chomh mór agus chomh fada leis an
mhaide mullaigh sin," ar seisean.
    "Bhail, tá a fhios agamsa i gceart caidé an rud í," ar sise.
"Tá sí ansin ó tháinig mise chun an bhaile seo. Bhí mé ag
gabháil soir chun an bhaile ag cuartaíocht bliain amháin i
ndiaidh mé a theacht anseo. Tím an rud mór dubh amuigh
i lár na locha agus an darna rud a tím í ag fágáil na locha agus
ag déanamh anall orm. Shíl mé go bhfuígfeadh an t-anam mé.
D'imigh mé an méid a bhí i mo cheithre cnámha, agus an phéist
mhór i mo dhiaidh. Bhí mé géar gasta an t-am sin agus ní raibh
lá binne agam uirthi. Ina dhiaidh sin bhí eagla orm, nó shíl
mé go n-íosfadh sí mé. Nuair a bhí mé ag an Dún Bhán fuair
mé uchtach amharc thart agus siúd i mo dhiaidh i rith an
chosáin í. Thrustáil mé mo chóta agus shín an rása arís agam,
agus is é an áit ar scoith mise an phéist mhór amuigh ag Loch
Leath Bealaigh. Shíl mé gurbh é an lá deireanach agam é, agus
ní raibh mo dheifre orm ag gabháil an bealach sin arís," ar sise.
    "hÓbair duit," arsa m'athair. "Reath tú contúirt mhór an
lá sin."
    "Seo an chuideachta!" arsa Paidí Bhell agus fágadh síocaithe
ag gáirí é. "Bíodh geall gur sin an phéist mhór a tháinig orainne
amuigh ag Boilg Chonaill lá amháin a bhí muid ag iascaireacht.
hÓbair go slogfadh sí an bád agus sinne ár gceathrar," ar
seisean.
    Bhí deartháir Shéamais Mhaitiú istigh fosta — fear a dtugadh

siad Conchúr Mhaitiú air. "Ní hiontas ar bith don bhaile a bheith ag magadh oraibh, agus tá an tír ag magadh oraibh as an chineál cainte atá oraibh," ar seisean.

"Droch-chreach ort, a mharla!" arsa Séamas. "Ar ndóigh, ní fhaca tusa péist mhór riamh. Is beag a bhéarfadh orm éirí agus an muineál caol fada sin a tharraingt asat. Caidé an séala a mbeifeá thusa ag cur isteach do ghoib i rud nach mbaineann duit?"

Bhí faisean ag bean Shéamais, duine galánta ar bith san áit déarfadh sí go raibh sí an dá ó de ghaol leis. Bhí siad ag caint ar fhear as Leitir Ceanainn a dtugadh siad Josie Gallagher air. Fear saibhir a bhí ann a raibh a cúig nó a sé de shiopaí móra aige. Paidí Bhell á rá nach raibh ann ach scoith gadaí agus go raibh daoine bochta scriosta aige.

"Nach mór an croí a fuair tú a theacht anseo agus gadaíocht a chur síos do m'fhear muinteartha? Nach bhfuil a fhios agat go bhfuil mise agus Josie Gallagher as Leitir Ceanainn an dá ó le chéile, agus ná moithím thú á chur as a ainm níos mó sa teach seo," ar sise.

Ní raibh gaol ar bith aici dó ar chor ar bith. Dheamhan an ceathrú glún déag a bhí sí leis, chan é amháin an dá ó.

Bhí Conchúr den bharúil chéanna de thairbhe an ghaoil. Chaith sé cuid mhór dena chuid ama fá Albain agus ní raibh sé ach i ndiaidh a theacht chun an bhaile go gearr roimhe sin.

"Bhí mise ag obair ag an Forth in Albain bliain amháin," ar seisean, "agus bhí fear ag obair i mo chuideachta a raibh Davie McCullagh air. Níodh sé cuid mhór comrádaíochta liomsa agus bhí sé go hiontach maith domh. Tá barúil agam go raibh mé gaolmhar dó," ar seisean.

"A rún, nach bhfuil a fhios agat go bhfuil tú gaolmhar dó?" ar sise. "Tá mise agus Davie McCullagh clann is ó."

Ní raibh duine galánta ar bith dá n-ainmneochaí nach raibh sí an dá ó leis. Rinne muid uilig ár sáith gáirí fúithi.

Bhí Paidí Bhell é féin ina dhuine ghreannmhar, agus d'inseadh sé scéaltaí greannmhara. D'inis sé an oíche seo fá bhean a bhí ina cónaí thuas fán tsliabh de thaobh inteacht. Nóra Chiotaí ab ainm daoithi agus bhí níon iontach dhóighiúil

aici. Shíl sí nach raibh leithéid na níne le fáil de thairbhe
dóighiúlachta agus níor mhaith léithi fear ar bith a bheith
tógtha léithi. Bhí sí tamall mór ag gabháil thart gan aon fhear
fead a chur inti. Is iomaí buachaill óg a chuirfeadh ceiliúr
cleamhnais uirthi ach ní raibh uchtach ag aon duine acu.
Fá dheireadh bhuail buachaill áirithe suas léithi. Níorbh as
an áit seo é. Strainséir a bhí ann. Dónall an Ghiorria ab ainm
dó. Bhí siad tamall fada ag coinneáil cuideachta le chéile agus
ba é an deireadh a bhí air gur chuir sé gnoithe pósta chun
tosaigh uirthi. Ní raibh a dhath aicise ina éadan mar chéile.
Rachadh sí áit ar bith leis.
    Chuaigh an scéal amach go raibh an lánúin le pósadh. Chuala
Nóra Chiotaí iomrá air agus níor shásaigh sé ar chor ar bith
í. Bhris sí suas an cleamhnas agus ní ligfeadh sí don nín roinn
ar bith a bheith aici le Dónall. Ní raibh sásamh ar bith ar an
nín nuair nach bhfuair sí Dónall agus b'fhearr léithi marbh ná
a bheith beo gan é. Ba mhaith léithi a fháil dá dtéadh aici ar
chor ar bith é, ach ní raibh a fhios aici caidé an dóigh.
    Bhí fear muinteartha daoithi ina chónaí thoir i Mín na Cuinge
a dtugadh siad Conall Mhag Fhionnaile air. Soir léithi a fhad
leis agus d'inis dó caidé mar a bhí.
    "Agus anois," ar sise, "caidé an plean is fearr domh a
ghlacadh lena fháil?"
    "Inseochaidh mise sin duit," arsa Conall. "Gabh chun an
bhaile agus déan bonnóg aráin choirce. Lig ort féin go bhfuil
an bás agat agus bain an leabaidh amach. Tabhair leat bonnóg
an aráin choirce a luí agus thig leat, achan am a dtiocfaidh
ocras ort, plaic dithi a ithe. Ná labhair focal ar bith. Lig ort
féin go bhfuil an chaint caillte agat. Sílfidh siad gur an bás atá
agat agus tiocfaidh duine acu aniar fá mo choinnese. Rachaidh
mise a dh'amharc ort agus cuirfidh mé cineálacha ceart go leor
duit."
    "Go raibh céad maith agat," ar sise. Tháinig sí anoir chun
an bhaile agus rinne sí bonnóg an aráin choirce. Chuaigh sí
a luí agus thug sí an bhonnóg chun na leapa léithi. Chaill sí
an chaint agus ní thabharfadh sí freagar ar aon duine acu. Shíl
a muintir go raibh an bás aici.

Soir leis an mháthair a fhad le Conall Mhag Fhionnaile agus d'inis sí dó go raibh a níon ina luí le bás, é a chaitheamh air chomh gasta agus a thiocfadh leis agus siar a bhaint amach.

D'éirigh an seanduine agus bhí sé léithi siar. Nuair a tháinig siad anoir chuaigh sé suas chun tseomra, an áit a raibh an ghirseach ina luí. Chuaigh sé a chuisleoireacht uirthi, agus níor labhair sé ach siúl leis amach ar an doras ag brath imeacht. Lean an tseanbhean amach é.

"Cinnte, chan ag imeacht a bheifeá," ar sise, "agus gan a inse dúinn caidé atá uirthi nó caidé do bharúil dithi?"

"Goitse go dtuga mé cogar duit," ar seisean.

"Caidé sin?" ar sise.

"'Raibh sí tógtha le fear ar bith?" ar seisean.

"Ó, bhí, cinnte," ar sise.

"Cé hé féin?" ar seisean.

"Dónall an Ghiorria," ar sise.

"Bhail, mura raibh Dónall an Ghiorria anseo anocht, ní bheidh sise agat. Mar sin de, déan gnoithe gasta," ar seisean.

Ní thearn sí athsmaointiú ar bith ach imeacht, agus ní fhuígfeadh sí an teach go mbeadh Dónall léithi.

Ní raibh de dhíobháil ar Dhónall ach an leideadh, agus tháinig sé ar an chéad chuireadh. Nuair a chuaigh sé chun tseomra labhair sé léithi agus thug sise freagar air. Ba é sin an chéad fhocal a labhair sí ó luigh sí. D'iarr sé uirthi éirí agus d'éirigh sí anuas chun na cisteanadh agus ní raibh a dhath uirthi ní ba mhó.

Pósadh í féin agus Dónall an Ghiorria ar a chéile cupla lá ina dhiaidh sin agus bhí bainis mhór ann. Bhí a oiread de lúcháir ar an tseanbhean agus go dtug sí an teach agus an talamh agus a raibh aici daofa, agus ní raibh lá anáis orthu ní ba mhó.

"Diabhal gur shaoithiúil iad," arsa m'athair.

"Bhí Dónall an Ghiorria sin saibhir," arsa bean Shéamais. "Bhí mise agus é féin an dá fhionnó le chéile."

"Bhí, cinnte," arsa Séamas.

"Bhail, diabhal deor de do chuid fola a bhí ann," arsa Paidí Bhell, "nó níorbh as an áit seo ar chor ar bith é."

"Is cuma cárbh as é," ar sise, "bhí mise agus é féin an dá fhionnó le chéile."

"Bhí, cinnte," arsa m'athair, agus gan é ach ag daorthach mhagaidh uirthi.

"Bhí fear eile ina chónaí thuas anseo," arsa Paidí, "a dtugadh siad Dónall Bán Phroinsiais Óig air, agus bhí sé féin agus Neilí Chiotaí tógtha i gceart le chéile. Ba mhaith leis a ghabháil siar chuig an tSagart Mhór Ó Dhónaill agus iad pósadh i gan fhios. Ní raibh bróg ar bith ag an duine bhocht agus ba é sin an rud ba mhó a bhí á choinneáil ar gcúl. B'fhada roimhe sin a d'inis sé do Neilí go bpósfadh sé í. Nuair ab fhada le Neilí a bhí sé gan cur lena ghealltanas thug sí chun a chuimhne é. Dúirt Dónall nach raibh a dhath á choinneáil ar gcúl ach nach raibh aon bhróg aige, agus go raibh leisc air pósadh gan bróga.

'Gabh isteach,' arsa Neilí, 'tigh Eoghainín Eoghain. Tá péire maith bróg aige agus tá mé cinnte go dtabharfaidh sé duit iad go dté an lá sin thart.'

"Siar le Dónall agus chuaigh sé isteach tigh Eoghainín Eoghain agus d'inis sé d'Eoghainín go raibh sé ag gabháil a phósadh, agus d'iarr sé iasacht na mbróg air go bpósfaí é.

'Bhéarfaidh, cinnte,' arsa Eoghainín.

"D'imigh sé chun an bhaile. Chóirigh sé na cosa agus thug sé leis Neilí siar ag tarraingt ar an tSagart Mhór go bpósfaí iad.

"Eadar an dá am tháinig Caitlín isteach — bean Eoghainín.

'Caidé an diabhal a bheir ort a bheith costarnocht?' ar sise.

'Thug mé mo chuid bróg do Dhónall Bhán Phroinsiais Óig,' ar seisean.

'Cad chuige a raibh sé díofa?' ar sise.

'Tá sé ar shiúl,' arsa Eoghainín, 'agus bean leis.'

'Cén bhean a bhí leis?' ar sise.

'Neilí Chiotaí,' ar seisean.

'Bhail, cha dtéid siad i bhfad má bheirimse orthu,' ar sise. 'Agus dá mbeadh bean ar bith eile leis, ní bhainfinn de iad,' ar sise.

'Órú, suigh, a mháláid mhór,' arsa Eoghainín, 'agus bíodh ciall agat. Ar ndóigh, ní a dhath a ní sé ar na bróga.'

"Ach ní raibh maith dó a bheith léithi. Theann sí í féin suas agus d'imigh sí. Bheir sí orthu ag teach Cheanndain i Mullach Dubh.

'Caith díot cuid bróg Eoghainín,' ar sise le Dónall, 'nó stróicfidh mé díot iad!'

''Ní raibh a dhath ag Dónall gránna le déanamh ach na bróga a bhaint de agus a gcaitheamh chuici, agus é féin agus Neilí tiontó ar an bhaile arís.

''Bhí bean eile leagtha amach acu fána choinne diomaite de Neilí Chiotaí agus ba mhaith leofa dá rachadh sé chuici seo. Ach is cosúil gurbh fhearr leis Neilí ná í nuair a thug sé an chéad seans daoithi. Ní thabharfadh duine ar bith bróga dó mura bpósadh sé an bhean eile, agus d'fhág sin tamall fada díomhaoin é cionn is nach raibh bróga aige. Sa deireadh chonacthas dó go raibh sé ag éirí ró-aosta, agus mura mbogadh sé i dtobainne nach bhfaigheadh sé aon bhean a ghlacfadh é. D'imigh sé agus shaothraigh sé luach bróg agus nuair a tháinig sé chun an bhaile chuaigh sé chuig Neilí Chiotaí.''

''Nár thútach an mhaise do Chaitlín é?'' arsa m'athair.

''Ba ea,'' arsa Paidí. ''Bean bheag iontach bheagmhaitheasach a bhí inti.''

''Ach níor chríochnaigh mé mo scéal,'' arsa Paidí. ''Bhí seanbhean ina cónaí amuigh ansin i Loch na nDeorann a dtugadh siad Bidí Bhraighní uirthi. An lá seo a bhí Neilí Chiotaí agus Dónall Bán le pósadh bhí scaifte aosa óig istigh ag Bidí. D'inis siad daoithi go raibh an lánúin ar shiúl á bpósadh.

'Is gairid,' ar sise, 'go raibh a fhios agamsa cé acu a phósfar iad nó nach bpósfar.'

''Bhí Laoi na mBuaidheann aici. Dúirt sí trí huaire i ndiaidh a chéile í agus chuaigh sí fríthi achan iarraidh acu. D'amharc sí sa bhac agus rinne sí staidéar tamall.

'Bhail,' ar sise, 'ní phósfar inniu iad.'

''D'éirigh an t-aos óg cineál feargach cionn is í a bheith ag ráit a dhath fán lánúin. Agus ar siadsan: 'Ar ndóigh, chan a dhath duitse cé acu a phósfar iad nó nach bpósfar.'

'Tá a fhios agam nach ea,' ar sise, 'ach ní phósfar inniu iad agus ní phósfar amárach ach a oiread iad,' ar sise''.

''Is cosúil gur bhain sise rud inteacht as Laoi na mBuaidheann,'' arsa Séamas.

"Nach bhfuil a fhios agat gur bhain," arsa m'athair. "Nár chruthú mór go leor í a ghabháil fríthi trí huaire!"

"Beidh an brúitín le brú agamsa," arsa m'athair. "Slán codlata agaibh."

"Go soirbhí Dia daoibh," arsa an chuid eile as béal a chéile.

VI

Séasúr in Albain

Chaith mé a cúig nó a sé de shéasúir ar an Lagán go dtí gur éirigh mé mór agus urrúnta. Ansin dar liom go rachainn go hAlbain mar a rinne mo dhaoine romham. Ba é an gnás a bhí ann sa tsaol sin gasúr a ghabháil cupla séasúr chun an Lagáin sula dtéadh sé go hAlbain, go dtí go gcruafaí é leis an anró agus leis na coimhthígh. Chan obair shócúlach ar bith a bhí fán bhaile ach a oiread againn, ach ní raibh na huaireannaí le coimhéad againn mar a bheadh ar an choigrích. Chaithfeá éirí roimh an lá nuair a bheifeá i lúib na muintire eile agus oibriú go cruaidh ó sin go dtí an oíche. Ach dá bhfaighfeá lá cruaidh oibre féin fán bhaile, thiocfadh leat luí go headradh agus stad nuair ba mhian leat laetha eile.

Féil' Eoin a théadh bunús mhuintir na Rosann go hAlbain an t-am sin, agus mar a deireadh siad féin, théadh an mhórchuid acu anonn sa tseans. Bhíodh corrdhuine ann a mbíodh seanfheirmeoir aige. Ní bheadh seisean chomh holc; ní raibh bealach mór ná ocras i ndán dó i ndiaidh a ghabháil trasna. Ach má bhí duine ann a raibh seanáit aige bhí scór os a choinne sin nach raibh, agus is minic nuair a théadh siad a fhad le doras feirmeora a dhiúltóchaí iad, agus b'fhéidir gan aon leithphingin ar a dtús ná ar a ndeireadh le greim bidh a cheannacht. Ach caidé a bhí le déanamh i dtír choimhthígh nuair nach dtiocfaí a dhath a fháil? Chaithfí a ghabháil isteach agus luí i gcoillidh ar phutóga folmha go maidin. Agus b'fhéidir a hocht nó a naoi de laetha a chaitheamh ar an dóigh sin go bhfaigheadh siad titim isteach le hobair. Níl fear ar bith is fearr a dtig leis scéala a inse fán ampla ná an fear a tháinig fríd an tsúisteáil é féin.

Mar a bhí mé a inse duit, i ndiaidh mé dornán séasúr a chur isteach ar an Lagán rinne mé réidh le a ghabháil go hAlbain.

Seán Ó Baoill a bheadh liom murab é gur fhan sé amuigh ar an Lagán. Ní tháinig sé chun an bhaile nuair a bhí a fhostó istigh; is é rud a rinne sé fostó eile. Is cosúil go mb'fhearr leis sin féin a dhéanamh ná a ghabháil go hAlbain. Agus b'fhearr dó é. Luath go leor a chaithfeadh sé Albain a bhaint amach. Dá olcas an saol a bhí ar an Lagán, b'fhearr é ná saol na hAlbana. Bhí glas-stócach eile ag éirí aníos sa chomharsain a bhí fá mo thuairim féin aoise, mar a bhí, Liam Beag. Buachaill a bhí i Liam nár fhág an baile riamh. Ní raibh fiacha air. Bhí dóigh bhreá air mar a bhí sé ach mar sin féin ba mhaith leis an baile a fhágáil. Is minic a bhíodh sé ag cur ceiste orm féin cá leis a raibh an choigríoch cosúil. Deirinn féin go mb'fhearr liom ar shiúl ar leath mo chodach ná a bheith ag gabháil thart fán bhaile. Ar ndóigh, chan sin an rud a bhí ar mo chroí, ach ba mhaith liom Liam a mhealladh ar shiúl liom. Fuair mé é a bhlandar go bhfuair mé liom é. Rinne muid amach imeacht an Luan sin a bhí chugainn.

Rinne mo mháthair cupla péire stocaí domhsa. Chuir sí iad isteach i seanmhála — iad féin agus bunbhríste agus seanchóta. Ní raibh Liam le a dhath a ligean air féin fán bhaile. I gan fhios a bhí sé ag brath imeacht, nó bhí a fhios aige dá ligeadh sé a rún lena mhuintir nach gcluinfeadh siad iomrá air. Fuair sé seanbhean de chuid na comharsan le cupla péire stocaí a dhéanamh dó. Rinne sé suas an bunal. Tháinig maidin Dé Máirt. Thug m'athair deich scillinge domh féin agus i ndiaidh mo bhricfeasta préataí a ithe d'imigh mé liom. Shiúil mé liom go teach Phaidí Neidí, an áit a dúirt Liam a mbeadh sé ag fanacht liom. Ní raibh Liam ansin romham ach ní raibh i bhfad go dtáinig sé agus d'éirigh mo chroí nuair a chonaic mé é.

"A Liam," arsa mise, "nach deas an mhaidin í?"

"Is deas," ar seisean. "Nach deas a amharcas na cnoic le héirí na gréine?"

"Abair sin," arsa mise. "Nach mairg atá ag imeacht a leithéid de mhaidin ghalánta? Seo maidin a fhóireas i gceart do Rann na Feirste."

"Sin an fhírinne," arsa Liam, "ach beidh am níos fearr againn ar shiúl."

Shiúil muid linn go géar gasta, agus leoga, ní raibh mise saor ó chumhaidh. Dheamhan ar mhiste le Liam. Ba mhó ab fhaide leis go mbeadh sé ag bun an rása. Dá mbíodh a fhios aige é, luath go leor a bheadh sé ann agus nár leor a luas? Bhí muid ag iarraidh a bheith ag comhrá ar an bhealach. Liam ag inse fán gheimhreadh a chaith sé féin, agus mise mar an gcéanna ag inse fán mhéid cuideachta a bhí agam féin agus fán diabhlaíocht a rinne mé ar Bhidí Bhraighní Ruaidh. Níor mhoithigh muid le linn an chomhráidh go raibh muid tigh Jack an Mhealláin. Bhí uisce beatha á dhíol ann, agus ní raibh sé ach trí pingine san am sin.

"Siúil leat isteach," arsa mise le Liam, "go raibh gloine againn. Cuideochaidh sé linn an bóthar a chur tharainn."

"Is cuma liom," arsa Liam.

Isteach linn agus d'ól achan fhear againn dhá ghloine. Chuir an bhiotáilte spriolladh úrnuaidh ionainn.

"An aithneann tú thú féin a dhath níos fearr lena linn sin?" arsa mise le Liam.

"Ó, aithnim," ar seisean. "Títhear domh go bhfuil mé i m'fhear eile."

Chuaigh muid chun an bhealaigh arís agus is é an darna scíste a rinne muid tigh Chaitlíne Máirtín ar an Losaid. Bean a bhí i gCaitlín a níodh réidh tráth bidh do dhaoine a thigeadh an bealach, agus bhíodh sí réidh fána gcoinne. Shuigh muid go dearn muid ár scíste agus gur ith muid greim bidh. Bhí meadar lán brot aici de chois na tineadh. Thug sí lán gogáin domhsa agus gogán eile do Liam, agus théigh sin muid. Bhí uisce beatha ag Caitlín á dhíol fosta.

"An ólfaidh tú leathcheann eile?" arsa mise le Liam.

"Ólfaidh," ar seisean.

Fuair muid cupla leathcheann eile agus, i ndiaidh iad a chaitheamh siar bhí léim an bhealaigh arís againn. D'éirigh na cosa nimhneach ag Liam agus bhí sé ag brath tabhairt suas orm. Ní raibh cleachtadh ar an tsiúl aige agus chuaigh na bróga a luí air. Chuaigh mé féin a thabhairt uchtaí dó agus a rá nach raibh i bhfad eile againn le a ghabháil. Fá dheireadh fuair muid Leitir Ceanainn a bhaint amach tuirseach, brúite, uaigneach.

Ghlac an bheirt againn lóistín tigh Eibhlín Plaic an oíche sin agus chodail muid mar a bheadh dhá rón ann.

Bhí muid inár suí le bodhránacht an lae lá arna mhárach. Chaith muid bricfeasta maith agus chuaigh muid chun an bhóthair arís. Bhí mo chuid cos féin chomh nimhneach agus nach raibh ann ach go raibh mé ábalta na bróga a fhuilstin orm. Is iomaí scíste a rinne muid ar an bhealach, agus is iomaí uair a dúirt Liam gur mhairg a d'fhág an baile ar chor ar bith. Dá laghad comhrá is a bhí againn an lá roimhe, bhí níos lú againn an lá seo. Níor ól muid mórán ach a oiread, nó ní raibh fairsingeach airgid ag ceachtar againn, agus ní raibh a fhios againn cé acu a bheadh obair le fáil againn i ndiaidh a ghabháil trasna nó nach mbeadh. Thug sin orainn gan a bheith caifeach ar an airgead. Ní raibh eolas an bhealaigh againn ach a oiread agus is minic ab éigean dúinn ceist a chur an raibh muid ar an bhealach cheart go Doire. D'inseadh duine dúinn amannaí go raibh agus amannaí nach raibh agus in áit truaigh a dhéanamh dúinn is é rud a d'fhuígfí siocaithe ag gáirí iad fúinn. Is minic a labhair muid ar ár ndaoine féin sa bhaile agus dúirt muid gur dhoiligh daoine a fháil a bhí chomh nádúrtha agus chomh dea-chroíoch leofa. Fá dheireadh fuair muid Doire a bhaint amach briste, brúite, brónach, cumhúil.

D'ith muid greim bidh ansin agus bhain an chéidh amach go bhfeicfimis an raibh bád ar bith ag gabháil trasna. Agus cé a tímid uainn ach Naos Hiúdaí Shorcha, Feargal Chonaill Hiúdáin, Donnchadh Churcóige agus Séimí na hÓige. D'inis siadsan dúinn go raibh bád ag gabháil trasna a dtugadh siad an *Buffalo* uirthi. Chuaigh muid ar bord agus níorbh fhada gur mhoithigh muid an caiftín ag tógáil a chuid ancairí agus an soitheach ag bogadh.

"Táimid ag seoladh," arsa mise le Liam.

"Tá," ar seisean. "Nár dheas a bheith sa bhaile?"

Bhí an oíche gearrgharbh agus an méid nach raibh tinn againn sula dtáinig sí go béal na locha d'éirigh siad tinn ansin. Bhí Liam ar fhear acu. Chuir sé amach a raibh ina ghoile. Dá mbíodh sé sa bhaile an t-am seo, bheadh sé ann, ach ní raibh ciall ag an duine bhocht nuair a bhí sé ina shuí go te é a altú.

Tháinig an tinneas orm féin fosta agus sin an tinneas céanna nach ndéanaim dearmad de. Tháinig an mairnéalach anuas cupla uair fríd an oíche, agus dúirt sé go raibh oíche iontach gharbh ann. Ní thearn sin an chúis a dhath níos fearr. Pasáid fhada a bhí inti. Shíl muid nach mbuailfeadh an bád port i nGrianaig choíche, bhí muid chomh tuirseach sin dithi. Am inteacht sa mheán lae lá arna mhárach, tháinig sí isteach go Grianaig agus bhí lúcháir orainn a theacht dithi. Má bhí cruatan féin romhainn, ba chuma linn ach a bheith ar tír mór.

Tháinig muid go Glaschú agus fuair muid lóistín ansin. Ar maidin nuair a d'éirigh muid ní raibh a fhios againn cá háit a dtabharfaimis ár n-aghaidh le obair a fháil. D'iarr fear an lóistín orainn Wishaw a bhaint amach, go raibh obair ag toiseacht ansin. Rinne muid mar a d'iarr sé orainn. Bhain muid Wishaw amach agus chodail muid an oíche sin tigh Bhilly Jenkin, agus chuaigh muid amach an lá arna mhárach ar lorg oibre. Bealach traen a bhí siad a dhéanamh. Chuir mé féin ceist ar an gheafar an mbeadh sé ábalta lámh úr ar bith a thabhairt isteach. Dúirt sé nach mbeadh, go raibh an obair líonta suas agus nach raibh cead aige.

Shuigh muid ansin gur chaith muid an píopa. Tháinig an geafar aníos a fhad linn.

"An Éireannaigh sibh?" ar seisean.

"Is ea," arsa mise. "Nílimid ach i ndiaidh a theacht trasna."

"Dá mbeadh sibh amuigh i gCarluke," ar seisean, "tá seans mór go bhfaigheadh sibh obair, nó tá *turnips* réidh le tanú am ar bith feasta."

Amach liom féin agus le Liam agus nuair a bhí muid ag tarraingt ar Carluke tháinig an oíche orainn. Reath an t-airgead agus ní raibh muid ábalta lóistín a fháil. Ba chuma i dtaca le holc fán lóistín dá mbíodh gan ocras a bheith orainn, ach bhí sin ar an bheirt againn. Bhí muid lag leis an ocras nó ní bhfuair muid aon ghreim ó d'fhág muid Wishaw an mhaidin sin.

"Bhail," arsa mise le Liam, "níl ach amaidí bás a fháil ón ocras a fhad is atá teangaidh againn le greim bidh a iarraidh."

"Níl," arsa Liam.

D'imigh muid. An chéad teach a dtáinig muid a fhad leis

d'iarr muid giota aráin. Seanbhean mhór ramhar ghairgeach a tháinig chun an dorais, agus is é rud a chuir sí cupla mionna mór orainn a hamharc a fhágáil chomh gasta is a thiocfadh linn. Chuartaigh muid linn a cúig nó a sé de thithe agus dheamhan chomh beag le a oiread agus a chuirfeá isteach i do phíopa a bhéarfadh aon duine dúinn — go dtí teach amháin a dtáinig muid a fhad leis a raibh bean dheas mharánta dhea-ghnúiseach ann. Thug sise giota aráin choirce agus braon bláiche dúinn. Chóirigh muid ár leabaidh an oíche sin amuigh i gcruach fhéir. Ba deas an oíche a bhí ann. Tuairim is ar thrí cheathrú den ghealaigh ann agus an spéir breac le réalta.

"Sin go díreach mar a bheadh an ghealach thall udaí sa bhaile," arsa Liam.

"Ó, go díreach," arsa mise. "An gcuireann sí cumhaidh ort?"

"Cuireann," ar seisean.

Chodail muid i gcruach an fhéir an oíche sin go maidin, agus dá luas agus a bhris an lá chroith muid muid féin suas. Shiúil muid linn gan bricfeasta gan rud eile go dtáinig muid a fhad le Drochil. Bhí am dinnéara de lá ann nuair a bhí muid ansin agus na putóga ag screadaigh leis an ocras ag an bheirt againn.

Chuir Liam ceist ar an fheirmeoir an raibh aon duine ag obair aige. Dúirt an feirmeoir go raibh — cúigear Éireannach, agus nach raibh glacadh isteach aige ar aon duine eile. Amach linn a fhad leofa ag déanamh go rachadh againn greim bidh a fháil le hithe, mura mbeadh ann ach é. Níor aithin mé féin aon duine acu ach Cormac Mhamaí.

"Ar *tramp* atá sibh?" ar seisean.

"Is ea," arsa mise.

"Creidim nach bhfuil sibh saor ó ocras?" ar seisean.

"Níl," arsa mise. "Ní bhfuair muid aon ghreim inniu go fóill."

Thug sé isteach chun an bhotaí muid agus rinne sé réidh tráth maith bidh dúinn.

"Anois," ar seisean, "tá mise ag déanamh go dtiocfadh leis an fheirmeoir seo sibh a thabhairt isteach. Tá mé féin iontach mór leis," ar seisean, "agus labharfaidh mé ar mur son."

"Is muid féin a bheadh buíoch duit dá labhradh," arsa Liam.

"Ní fheicfimid díolta choíche thú," ar seisean.

Leis an scéal fhada a dhéanamh gairid, fuair Cormac an obair
dúinn ag tanú na d*turnips*.

Amach linn ar maidin an lá arna mhárach agus thoisigh muid
orthu. Ní thearn ceachtar againn an obair sin riamh roimhe.
Níorbh é sin don mhuintir eile é. Seanlámha a bhí iontu agus
bhí siad ag gabháil tharstu mar a bheadh an diabhal ann. Bhí
muidinne ag iarraidh a bheith ag coinneáil suas leofa agus is
é rud a bhí muid ag milleadh na ngnoithe.

Tháinig an feirmeoir amach tráthnóna a dh'amharc ar ár
gcuid oibre. Bhreathnaigh sé í ó bhun go barr agus d'aithin
mé féin ar an chuil a tháinig air nach raibh sé sásta.

"Caithfidh sibh stad," ar seisean. "De réir chosúlachta, ní
thearn sibh a dhath den obair seo riamh roimhe, agus níl mise
ag gabháil a ligean daoibh mo chuid *turnips* a mhilleadh."

"Ní shílim go dtearn," arsa Cormac Mhamaí, "aon duine
acu a dhath leis an obair. Ach tá seachtain caite acu ar tramp
mar atá siad, agus is mór an truaigh iad a chur chun an
bhealaigh arís. Tabhair daofa an lá amárach, agus rachaidh mise
i mbannaí ort go mbeidh siad chomh maith le aon fhear de
na seanlámha," arsa Cormac.

Thoiligh an feirmeoir air seo, ach ní sásta a bhí sé agus an
ghnúis a bhí air.

Ghlac muidinne rud beag ní ba suaimhní iad na chéad chupla
lá agus ba é an deireadh a bhí air go raibh muid ag tabhairt
lán a léineadh do na seanlámha. D'oibir muid an lá sin agus
bhí muid tuirseach go breá de ar achan dóigh. Fuair muid neart
bracháin agus bláiche san oíche.

Nuair a tháinig am luí taispeánadh scioból mór fada dúinn.
Tugadh plaincéad agus gráinnín cocháin do achan duine.
Chóirigh achan fhear a leabaidh féin ar an urlár.

"An seo an seort áit luí atá le bheith againn?" arsa Liam.

"Is é," arsa mise, "agus bí buíoch beannachtach agus scáth
dídine ar bith a bheith os do chionn. Nach fearr seo féin, dá
olcas é, ná an áit ar chodail muid aréir?" arsa mise.

Bhí cuid mhór fear ann diomaite dínne. Bheadh chomh
maith le leathchéad fear ann cibé áit a dtáinig siad as. Ní raibh
ag obair ar an fheirm ach deichniúr. Inár luí ar sráideogaí a
bhí muid uilig.

Chodail mé féin i gceart an oíche sin nó bhí mé tuirseach.
Níor mhoithigh mé luchógaí ná rud eile, agus bhí sin ann agus
go leor acu. An darna hoíche, i ndiaidh mé titim thart, fuair
ceann acu greim pluice orm. Ní raibh a fhios agam caidé a
tháinig orm. Fuair mé greim rubaill uirthi agus bhuail mé
isteach sa leiceann ar fhear eile í. Shíl an fear sin gurbh é an
comrádaí a bhí ina luí agna thaobh a bhuail é. Fuair sé greim
sceadamáin air agus hóbair gur thacht sé é. Mhuscail a raibh
sa teach agus thoisigh an troid agus an marfach. Scanraigh mé
féin agus Liam mar bhí muid inár strainséirí. Shíl muid go
muirbhfí muid.

"Is fearr dúinn imeacht as seo," arsa Liam, "nó is é rud a
mhuirbhfear muid."

"Cha n-imíonn," arsa mise. "Nuair atá obair againn
fanóchaimid ina bun. Má mharbhthar féin muid," arsa mise,
"ar ndóigh níl againn le fáil ach aon bhás amháin. Agus
b'fhéidir gurbh fhearr do dhuine marbh ná beo, nó de réir
chosúlachta tá an saol ag gabháil a bheith iontach cruadálach
ag ár leithéidíne."

"Maith go leor," arsa Liam. "Fanóchaimid go ceann
seachtaine eile, cibé a dhéanfas Dia linn."

Ach bhí go maith is ní raibh go holc, d'oibir muid linn go
dtáinig oíche Shathairn. Fuair muid uilig ár bpáighe agus bhain
muid amach Peebles — an baile ba deise dúinn. Chuaigh muid
isteach a dh'ól agus d'ól muid a oiread agus a thug ár gcroí
dúinn. Cé a bheadh ina dhiaidh orainn braon a ól a thógfadh
gruaim an tsaoil dínn seal tamaill, nó chuirfeadh an saol a bhí
againn duine ar bith a dh'ól?

As deireadh an óil d'éirigh na fir cineál confach. Thit Liam
Beag agus Cormac Mhamaí amach le chéile agus chuaigh siad
a throid. Chonaic mé féin nach ndéanfadh Liam lámh ar bith
de Chormac. Chuaigh mé isteach eatarthu agus stop mé iad.
Cé a thig isteach as deireadh an ruda ach Micheál Dhónaill
Ruaidh! Cuireadh fáilte mhór roimhe agus hóladh cupla deoch
eile. D'iarr muid air a bheith linn amach go maidin go mbeadh
oíche chomhráidh againn. Dúirt Micheál nach mbeadh.

"Bhuail mé fear inniu," ar seisean, "a dtugann siad Harry

Cromlesk air, agus tá fear eile le bualadh amárach agam, agus
ní maith liom gan cur le mo ghealltanas. Rachaidh mé amach
oíche inteacht. Bígí ag dúil liom.''

"Ná déan dearmad,'' arsa mise, "nó chuala mé gur trodaí
mór atá ionat, agus ba mhaith liom cuid de do chuid seanchais
a chluinstin.''

"Níor casadh aon fhear sa tír seo orm a bhí ábalta agam ar
scor ar bith,'' ar seisean, agus d'imigh sé agus d'imigh sinne
agus thug muid dhá chúl ár gcinn dá chéile.

Ar theacht chun an bhotaí dúinne bhí sí gearr-antráthach
san oíche agus cé a bhí ansin romhainn ach fear a dtugadh
siad Black Jimmy Boyle air. Bhí aithne agam féin air agus chuir
mé fáilte roimhe.

"Cá bhfuil tú ag obair anois?'' arsa mise leis.

"Tá mé ar an bhealach mhór,'' ar seisean, "agus mé féin
is ciontaí, nó bhuail mé an geafar a raibh mé ag obair faoi.''

"Tím, go díreach,'' arsa mise. "D'fhéad tú gan titim amach
leis, ó tharla go raibh tú ina mhuinín.''

"D'fhéad,'' ar seisean, "ach duine tobann atá ionam, agus
níl neart agam ar mo dhóigh.''

"Beidh ocras ort?'' arsa mise.

"Níl mé saor,'' ar seisean.

Chuir mé síos an sáspan agus rinne mé bolgam tae dó, agus
nuair a d'ól sé é shuigh muid thart fán tinidh ag scéalaíocht.
Trodaí mór a bhí ann agus fear a mb'fhurast fearg a chur air.

"A Jimmy,'' arsa mise le cuideachta leis, "throidfeadh
Christy John Mhóir as an Phointe thú.''

"Cha dtroidfeadh,'' arsa Jimmy, "nó lúbfainn le dorn é mar
a dhéanfainn le buachalán buí.''

"A Jimmy,'' arsa mise, "an raibh tú riamh ar an scoil?''

"Bhí mé aon lá amháin ar an scoil,'' ar seisean.

"Cad chuige nár fhan tú tuilleadh uirthi?'' arsa mise.

"Tá,'' ar seisean, "chuaigh mé féin agus an máistir a throid.
Bhí an máistir ábalta agam,'' ar seisean, "agus bhuail sé mé.
Chuaigh mé chun an bhaile agus d'inis mé do mo mháthair
gur bhuail sé mé. Níor stad sí go raibh sí in Anagaire ag doras
theach na scoile.Chuir sí sealans ar an mháistir. Chuaigh an

bheirt a throid. Bhuail sí dorn air agus leag sí é, agus hóbair nach dtiocfadh an anál choíche ann. Leag sí ar ais é agus theith sé roimpi. Ní theachaigh mise chun na scoile níos mó,'' ar seisean.

"Bhí m'athair mór ina luí le bás agus an sagart ag teacht chuige. hIarradh orm féin gan a bheith ag tabhairt mionna mór, go raibh an sagart ag teacht de dheas don teach.

'De gheall ar Dhia, a Jimmy,' arsa mo mháthair, 'ná bí ag tabhairt mionna mór. Sin an sagart ag teacht.'

'Dheamhan duine ag baint a phosta de,' arsa mise. 'A chead aige.'

"Tháinig an sagart. Cuireadh an ola ar an tseanduine. Níor mhair sé i bhfad ina dhiaidh sin, agus cuireadh é.

"D'imigh mise go hAlbain ansin,'' ar seisean, "agus d'fhág mé iad. Fuair mé bean agus phós mé í. Chuaigh an bheirt againn a throid. Bhuail sí lena cloigeann isteach sa bhéal mé. D'iarr mé uirthi imeacht agus gan a theacht ar m'amharc ná ar m'éisteacht choíche arís. Ach bhí nádúir mhaith aici. Chuir sí deich bpunta chugam an lá fá dheireadh. A Hiúdaí,'' ar seisean, "tabhair domh giota tobaca. Níl a dhath agam.''

"An té a fuair deich bpunta,'' arsa mise, "d'fhéadfadh sé féin giota tobaca a cheannacht.''

"Bhail,'' ar seisean, "níl aon leithphingin rua agam. Ní bhfuair mé air ach aon amharc amháin.''

"Dona go leor,'' arsa mise.

"Tá,'' ar seisean, "tá mac thoir sna Loudens agam. Trodaí mór atá fosta ann. Casadh orm in Edinburgh é Dé hAoine seo chuaigh thart agus d'ól mé féin agus é féin na deich bpunta. Ba mhian leis a bheith liom agus muid ár mbeirt a ghabháil a dh'obair i gcuideachta. Ach ní ligfinn dó. Bhí eagla orm go muirbhfinn féin is é féin na hÉireannaigh, agus d'imigh muid agus d'fhág muid a chéile. Bhain mé aníos an tír seo amach fá choinne gan a chastáil domh go ceann fada arís,'' ar seisean.

Chonacthas domh féin nach raibh comhrá substainteach ar bith aige. D'éirigh mé dúthuirseach ag éisteacht leis.

"A Jimmy,'' arsa mise, "nár chóir go gceolfá amhrán domh? Chuala mé go bhfuil guth iontach binn agat.''

"Ceolfaidh," ar seisean.

Ní cheoladh sé amhráin Ghaeilge ar bith in Albain. Sin an dóigh a bhí leis — agus ní raibh Béarla ar bith aige. Ach mar sin féin, bhí giota d'amhrán Bhéarla aige agus dúirt sé é.

Nuair a chríochnaigh sé an t-amhrán bhí sé ar obair ag caint ar throdaíonnaí arís. Ba é sin a thús agus a dheireadh.

"Bhuail mise," ar seisean, "na trodaíonnaí ab fhearr ag siúl na hAlbana — Phildy McGuilseachan, Charlie McBadarnachan agus an Galloway Flail."

Bhainfeadh sé rófhada asam a chuid comhráidh uilig a inse. Ar scor ar bith, chan sé leis go dtí go raibh mise dúthuirseach ag éisteacht leis. Nuair a bhris an lá dúirt sé go raibh sé ag imeacht. Bhí mise ag iarraidh air fanacht agam cupla lá, ach ní fhanóchadh.

"Slán agat," ar seisean.

"Go soirbhí Dia duit," arsa mise, "agus go gcuire Dia an t-ádh ort."

D'imigh sé leis agus gan a fhios aige cá raibh sé ag gabháil, agus ní fhaca mise níos mó ar an tséasúr sin é.

VII

Fómhar Luath i Kelso

D'oibir muid linn i nDrochil gur chríochnaigh muid na *turnips*. Is iomaí oíche a tháinig mé isteach agus gan ann ach go raibh mé ábalta siúl, bhí mé chomh tuirseach sin. Ní raibh Liam mórán ní b'fhearr ná mé, ach nár ghnách leis-sean a oiread a dhéanamh agus a dhéanfainnse. Bhí an oiread sin céille aige.

Cuireadh chun an bhealaigh mhóir mise agus Liam, agus coinníodh na fir eile. Níor mhaith leis an fheirmeoir scaradh leofa go dtaradh an fómhar, nó bhí a fhios aige gur dhoiligh fir a fháil a bheadh chomh maith leofa. Ar an tséala sin ní ghoillfeadh sé air iad a thógáil dornán laetha go mbíodh an fómhar réidh. Thóg muidinne cibé a bhí ina luí againn — dhá phunta an fear. Ar ndóigh, shíl muid a oiread den dá phunta sin agus a shílfeadh duine eile de scór anois.

D'imigh mise agus Liam agus aigneadh breá ar achan fhear againn. Dheamhan ar mhiste linn cé acu a gheobhaimis fómhar nó nach bhfaigheadh. Bhí rud maith déanta againn, dar linn. Ina dhiaidh sin ní chuirfimis suas dó dá bhfuighimis titim isteach in áit ar bith. Agus mura bhfuigheadh, bhí muid sásta an baile a bhaint amach. Fá dheireadh cé a casadh orainn ach Eoin Rua i ndiaidh a theacht trasna as an tseantír.

"Anois do theacht?" arsa mise.

"Is é," ar seisean. "B'éigean domh thall udaí a fhágáil. Tháinig mé isteach aon oíche amháin sa bhaile agus dúirt mé go raibh fear ag teacht ionsar Bhríd. Nuair a chuaigh sé i bhfad san oíche ní raibh an fear ag teacht. D'éirigh mo mháthair agus bhuail sí le dorn mé," ar seisean. "D'éirigh Bríd agus bhuail sí le dorn fosta mé agus bhí garda aici chomh maith le Joe MacDonald a bhí i gCamlachie. Shín an greadadh. Chuaigh mé chuig Dónall Mac Cailín an lá arna mhárach agus fuair mé mo

54

phasáid, agus d'imigh mé agus bhain mé an tír seo amach,''
ar seisean.

"Chuaigh tú deas go maith do do mharbhadh acu," arsa
mise.

"Dar Dia, chuaigh!" ar seisean. "Tá siad ar mire. Cén
bealach a bhfuil sibhse ag tabhairt mur n-aghaidh?" ar seisean.

"Bhí muid ag brath Kelso a bhaint amach," arsa mise.

"Beidh mise libh."

"Bí, cinnte," arsa mise. "Ní fearr linne duine a mbeidh linn."

Bhain muid Kelso amach, an triúr againn, agus bhí an fómhar
ar shéala a bheith ag toiseacht ann. Bhí scaifte mór eile ann
romhainn, mar bhí Donnchadh na Brád, Bilí Jack, Seáinín Ó
Duibheannaigh, Néillín Sheáin Mhóir, Paidí Tharlaigh Uí
Bhaoill agus Éamann Néill Óig.

Thoisigh muid an lá arna mhárach a bhaint an fhómhair.
Cuireadh Bilí Jack ar an iomaire deiridh, agus chuaigh sé a
bhaint ar bhuain láimhe. Labhair an báillí go garbh leis agus
dúirt leis éirí agus baint mar ba cheart dó. D'amharc Bilí air
go feargach.

"Dá mbítheá agamsa agus ag Nábla, eadar an chloch mhór
agus an teach, chuirfimis buille ort," arsa Bilí.

Níor labhair an báillí ach a ghabháil a gháirí faoi. In am
dinnéara tháinig tobáin bhracháin amach chugainn agus bucáid
bhláiche. Shuigh triúr thart fá achan tobán, agus rinneadh poll
mór i lár an tobáin agus líonadh an poll den bhláiche. Ní
bhfuair muid babhail ná rud eile, agus ní raibh ann ach ag
slupairt linn mar a bheadh eallach ann. Ní dhéanfadh sé gnoithe
do dhuine samhnas a bheith air ansiúd. Bhain achan duine a
bhearád de ach Bilí Jack. D'amharc Eoin Rua air agus rinne
sé iontas de nach raibh an bearád de.

"*Take off your head,*" ar seisean le Bilí.

Fágadh a raibh fá na tobáin siocaithe ag gáirí. Shíl mé féin
nach dtiocfadh liom stad, agus níl aon am ó shin a smaointím
air nach gcaithim mo sháith gáirí a dhéanamh.

Bhí am cruaidh againn i rith an fhómhair — go speisialta
agam féin agus ag Liam ag iarraidh coinneáil suas leis na
seanbhuannaíonnaí. Thug mé féin in amhail cupla uair tabhairt

suas agus an baile a bhaint amach ach ina dhiaidh sin ní thabharfainn a oiread de shásamh daofa. A fhad is nach raibh Liam ag corrú, ní chorróchainnse. Chóir a bheith gur an bia amháin agus an gléas luí amháin a bhí orainn sa dá áit, ach nach raibh a oiread luchóg mór i Kelso agus a bhí i nDrochil. Níor mhoithigh muid an t-am ag gabháil isteach, bhí Eoin Rua chomh greannmhar sin.

Nuair a bhí an fómhar gearrtha chuidigh muid a thriomú agus cruacha a dhéanamh de, agus d'fhág muid fá thuí agus fá shúgáin é sular imigh muid. Fuair muid cibé a raibh cosanta againn ón fheirmeoir agus bhain muid Glaschú amach agus lúcháir ar achan fhear againn ag tarraingt ar an bhaile arís. Casadh Dónall Rua orainn (athair Eoin) agus é ag tarraingt ar Ghlaschú i ndiaidh a bheith ag buain i Rotherford. Mhoithigh muid trup an traen mar a bheadh sí ag déanamh isteach ar Ghlaschú.

"A Liam Bhig," arsa Dónall Rua, "is fearr duit reáchtáil a fhad leis an stáisiún agus iarraidh ar fhear an traen fanacht linn."

D'imigh Liam Beag an méid a bhí ina cheithre cnámha, agus dheamhan stad a rinne sé go raibh sé i nGlaschú. Nuair a tháinig an traen isteach chuaigh Liam a fhad le fear an traen agus dúirt sé leis go raibh scaifte ag teacht aníos ansin a bhí ag brath a ghabháil ar an traen seo. Níor thuig an tiománaí é. Ní raibh Gaeilic ar bith aige.

Thoisigh an traen a bhogadh. Fuair Liam greim ar láimh a bhí ar cheann de na doirse, ag déanamh go gcoinneochadh sé í. Chuir sé a bhonnaí le taca agus buaileadh ar an talamh é. Tháinig muid uilig chun tosaigh.

"Béarfaimid go fóill uirthi," arsa Seáinín Ó Duibheannaigh. "Beidh sí buartha cionn is Liam a leagan agus pillfidh sí."

Dúirt mé féin go raibh eagla orm nach mbéarfadh, ach ní raibh maith a bheith leofa. D'fhan siad ansin conablach uaire, ag déanamh go bpillfeadh sí ar ais agus nuair ab fhada leofa a bhí sí gan a theacht d'imigh muid. Tháinig muid go Carnwath agus bhí sé antráthach i gceart san oíche agus bhí na daoine uilig fá chónaí. Bhuail muid ag cupla teach a bhí ann, ach ní raibh maith ann: ní ligfeadh siad isteach muid.

"Níl a dhath fánár gcoinne anois," arsa Dónall Rua, "ach codladh amuigh go maidin."

"Ní sin an chéad uair dúinn," arsa Eoin.

Isteach linn i gcuibhreann coirce a bhí ann nach rabhthar ach i ndiaidh é a bhaint. Chaith achan fhear cupla punann faoi agus cupla ceann os a chionn, agus chodail muid ansin go maidin. Ba é Eoin Rua a mhuscail mé féin.

"Éirigh suas as sin," ar seisean. "Tá siad uilig seanchaite ina suí ach tusa, agus ní maith linn aon duine muid a fheiceáil ag éirí amach as na stucaí."

Chroith mé féin mé féin suas agus i ndiaidh an píopa a chaitheamh d'imigh muid.

D'iarr Néillín Sheáin Mhóir ar Dhónall Rua na fir a chuntas. Chuntais Dónall Rua na fir, agus ní bhfuair sé ach naoi gcloigne. Agus bhí deichniúr againn ann.

"Eadar mé is Dia, a Néill," ar seisean, "nach bhfuil ann ach naonúr."

"Tí Dia muid!" arsa Seáinín Ó Duibheannaigh. "Tá ár gcomrádaí maith caillte orainn."

Ní raibh ní ba mhó de go dtáinig muid a fhad le Glaschú.

"A Dhónaill Uí Dhufaigh," arsa Néillín arís, "cuntais na fir. B'fhéidir go bhfuil sé ann go fóill."

Chuntais Dónall arís iad.

"Eadar mé is Dia," arsa Dónall, "nach bhfuil ann ach na naoi gcloigne ar fad."

"Is trua sin," arsa Bilí Jack, "ag gabháil chun an bhaile agus ár gcomrádaí maith caillte orainn. Caidé a dhéanfaimid ar chor ar bith, nó cá háit ar chaill muid é?"

Bhí siad deich gcloigne ann, tá a fhios agat, ach níor chuntais Dónall Rua é féin riamh.

Bhí bád ag gabháil amach an oíche sin, an bád céanna a deachaigh muid trasna uirthi. Oíche gharbh a bhí ann agus ní raibh sí i bhfad amach ón chéidh gur éirigh achan duine dá raibh uirthi tinn. Shíl muid cupla uair fríd an oíche go rachadh sí go tóin, agus níorbh fhearr le cuid againn ar bith é. Bheimis as pianaigh dá dtéadh. I lár na hoíche tháinig an caiftín anuas agus d'iarr sé orainn an paidrín a ráit. Ní raibh aon duine ábalta freagar a thabhairt air.

"Tá dálta na gcadhan oraibh," ar seisean. "Ní tháinig sibh trasna riamh nach mbeadh an t-anró libh".

hÚradh an paidrín. Is air i gcónaí a smaointíthear nuair a thig an t-anás. Níor dhúirt mórán deichniúr ach a dhó nó a trí de chloigne seandaoine nach raibh caill tinnis orthu. Ní theachaigh sí go tóin i ndiaidh an iomláin. Tháinig sí go Doire gan cleite a bhaint aisti.

"Buíochas do Dhia," arsa an caiftín, "go bhfuair muid port a dhéanamh, nó ba í an oíche í ba ghairbhe a dtáinig sí trasna le mo chuimhne."

Fuair muid braon tae i nDoire. Ní mórán a bhí aon duine againn ábalta a ithe, nó bhí an goile cineál cráite i ndiaidh na horla. Thit Liam Beag agus Eoin Rua amach le chéile, agus ní raibh Liam sásta a ghabháil an bealach céanna chun an bhaile leis. B'éigean domh féin a bheith le Liam bealach Ghleann Domhain, agus chuaigh an mhuintir eile bealach Leitir Ceanainn.

Casadh John Dhónaill Bhríde orainn ag Gaoth Beara agus é costarnocht. Sin an áit a dtáinig an oíche orainn, agus bhí eagla orainn nach mbuafadh linn a ghabháil trasna Abhainn na Marbh sa dorchadas. D'fhiafraigh muid de John caidé an t-am a bhí sé. Dúirt John nach raibh ach aon chlog amháin ar an bhaile, agus nach raibh aon fhear ar an bhaile a d'aithneochadh an t-am ach aon fhear amháin agus go raibh an fear sin ina luí le bás. Chuaigh muid isteach tigh Eibhlín an Dartáin agus thug sí préataí agus scadán caoch dúinn. D'fhan muid aici an oíche sin go maidin. Lá arna mhárach tháinig muid anuas Bun an Bhaic, anuas go Rann na Feirste agus chun an bhaile.

VIII

Airneál tigh Dhónaill Ruaidh

I ndiaidh mise an baile a bhaint amach an bhliain sin, bhí cead mo chinn agam. A fhad is go raibh mé séasúr in Albain bhí mé i m'fhear, dar liom, agus ní raibh fiacha orm cead a iarraidh ar mo mhuintir níos mó fán airneál. Ach roimhe sin, chaithinn cead a iarraidh i gcónaí sula dtéinn áit ar bith, agus mura n-iarrainn, nuair a phillfinn ar ais gheobhainn rud nach ndéanfainn dearmad de i dtobainne. Ach fán Lagán a bhínn na blianta sin, agus ainneoin gur fhág mé aois an ghasúra i mo dhiaidh, níor shíl mé go raibh mé i m'fhear riamh go deachaigh mé séasúr go hAlbain. Ó sin suas ní iarrfadh mo mháthair orm na préataí a phiocadh, ná an bhó a bhleán, ná rudaí mar seo a d'iarradh sí orm a dhéanamh an bhliain roimhe sin. Sin an rud a chinntigh domh go raibh mé i m'fhear agus bhí amharc eile agam ar an tsaol.

Chuaigh mé féin agus Donnchadh Phaidí Sheáinín oíche amháin a dh'airneál tigh Dhónaill Ruaidh. Teaghlach greannmhar a bhí i bpáirtí Dhónaill Ruaidh. Bhainfeadh siad gáire asat dá mbítheá ar leabaidh an bháis. Ní raibh ann ach go bhfuair muid a ghabháil isteach ar an doras. Bhí dhá bhearach drochmhúinte fríd an teach, gan iad ceangailte ná rud eile, agus ach ab é Donnchadh mhuirbhfeadh siad mise. Bhí Eoin ina shuí ar ladhar ghráige agus é ag caitheamh an phíopa agus Donnchadh ag gléasadh suas tineadh.

"A Hiúdaí," arsa Donnchadh, "tá díobháil na mban le haithne i gceart ar an teach seo."

"Dar Dia!" arsa Eoin. "Cé a ghlacfadh sinne — fear atá ar mire agus fear eile nach bhfuil cnámh ar bith ina dhroim? Dheamhan bean a phósfadh sinne ó d'imigh Peigí Anna Mhealadáin nó Brocaí Phádraig an Mhoirtéil a bhí ar an Bhráid."

"Bhail," arsa Donnchadh, "níl unsa céille agat."

Shocair siad ag sin é agus thoisigh Eoin a scéalaíocht fán am a bhí aige féin agus ag Seonaí Ghráinne Bhuirn in Albain.

"D'imigh muid," ar seisean, "bliain amháin, agus níor stad muid go raibh muid ag bordaí na Sasana. Chaith muid a trí nó a ceathair de laetha ar an bhealach mhór, ach fuair muid obair fá dheireadh sa *dock*. *Tramp navvies* a bhí uilig ann, agus ní raibh aon fhear acu nach raibh ina bhulaí fir. Bill Butt, Three-finger Jack, Mountain Chief, Scotty Bagel, Spinster Rover, Tarrier Jolly Rikes, Spud Murphy agus Patsy Mulligan — sin an méid a raibh aithne agam féin agus ag Seonaí orthu," ar seisean.

"Bhí fear amháin ann a raibh Sloth ina leasainm acu air, agus is é an t-ábhar a bhfuair sé an t-ainm seo, bhíodh sé ina luí i gcónaí ina chodladh nuair nach mbíodh sé ag obair. Ní raibh seisean tugtha don ól mar muidinne. Nuair a bhíodh an tráthnóna maith luíodh sé amuigh ar léana ghlas a bhí ann.

"Nuair a tháinig an Satharn bhuail muid uilig leis an ól ach Sloth. Rinne muid uilig ár ndícheall é a bhlandar linn chun an bhaile mhóir go mbeadh deoch againn, ach ní raibh maith a bheith leis. Nuair a fuair sé ar shiúl muid luigh sé amuigh ar an léana mar ba ghnách leis. Níorbh fhada go dtáinig fear thart a raibh braon maith ar bord aige — fear a dtugadh siad an Madman Burns air.

'Here goes!' ar seisean. 'The four corners of Ireland, Hell, or Connaught, never reared a man that I couldn't beat the day.'

"Chuala Sloth é, ach má chuala féin, níor lig sé a dhath air féin. D'fhan sé ina luí ansin agus lig sé air féin go raibh sé ina chodladh. Tháinig an fear eile aníos a fhad leis an áit a raibh Sloth ina luí, agus bhuail sé cic air. Níor lig Sloth air féin go dearn sé é.

'Éirigh,' ar seisean, 'nó brisfidh mé an muineál agat.'

"Tháinig mothú feirge ar Sloth agus d'éirigh sé ina sheasamh. 'Ná bíodh deifre ar bith ort ag imeacht,' ar seisean. 'Socóraidh mise leat.'

"Thug Burns iarraidh dena cheann air. Theann Sloth giota

beag ar gcúl agus ní tháinig Burns dá chóir. Nuair a bhí sé ag déanamh ar ais air bhí Sloth réidh fána choinne. Thug sé aon dorn amháin dó agus bhris sé cnámh an ghéill aige. Thit Burns as a sheasamh agus luigh sé ar an talamh gan mhothú. Shíl Sloth go raibh sé marbh agus d'iompair sé isteach chun an bhotaí é. Chuaigh sé a fhad le bean an *contractor* agus fuair sé braon branda uaithi. Thug sé sin dó agus tháinig sé chuige féin ar ais. D'éirigh sé ina shuí sa leabaidh.

''Bhfuil tú ag teacht ar ais?' arsa Sloth.

'Níl,' arsa Burns. 'Ní labharfaidh mé choíche leat.'

'Maith go leor,' arsa Sloth. 'Nuair a bheidh tú ag gabháil thart ar ais, bíodh múineadh ort. Lig do na daoine néal a chodladh agus ní bhainfear duit,' ar seisean.''

''Caithfidh sé gur ógánach cruaidh a bhí i Sloth,'' arsa Donnchadh.

''Ba ea,'' arsa Eoin, ''agus ní shílfeá de é. Chan diúlach trom a bhí ach a oiread ann. Dheamhan mórán thaire aon chloch déag meáchain a bhí sé.''

''Tháinig fear eile thart lá amháin a chuartú oibre,'' arsa Eoin. ''Mac duine uasail as Sasain a bhí ann, a díbreadh as an bhaile. Bocsálaí mór a bhí fosta ann. D'iarr an geafar air a ghabháil síos agus *wagon* a líonadh. Chuaigh sé síos, ach ní raibh lámh ar bith air fá choinne an cineál sin oibre. De réir chosúlachta, ní bheadh an *wagon* líonta aige teacht na hoíche.

'Gabh aníos,' arsa an geafar, 'nó tá pian i mo dhá shúil ag amharc ort. Agus dá mbítheá abhus agam, bhrisfinn do mhuineál.'

'Ní bheidh fiacha ort a theacht anuas,' arsa mac an duine uasail leis. 'Rachaidh mise suas chugat, má tá tú ag déanamh go ndéanfaidh tú lámh ar bith díom.'

''Chuaigh sé suas. Chuaigh an bheirt amach go dtí áit chothrom a bhí ann, chaith díofa agus chuaigh siad i bhfostó ina chéile. Ach ní raibh dul ag an gheafar lámh ar bith a dhéanamh de. Mhuirbhfeadh an fear eile é, ach ab é go deachaigh cupla fear eatarthu.

''Bhí deartháir don gheafar ag obair san áit chéanna agus bhí ainm fir mhaith aige. Tháinig mothú feirge air nuair a chonaic sé nár bhuail a dheartháir an fear eile. Dar leis go bhféachfadh sé féin leis. Chuaigh an bheirt le chéile, ach níor mhair an troid i bhfad. Ní raibh deartháir an gheafara ábalta dorn ar bith a fháil air agus b'éigean dó tabhairt isteach.

"Chuaigh na náibhíonnaí uilig ar crith ina gcraiceann roimhe, agus b'fhearr leofa ar shiúl as an áit é. Chruinnigh siad deich agus dhá phunta dó, féacháil an imeochadh sé. Ach dheamhan imeacht. Nuair a fuair seisean an t-airgead, dheamhan cor a dhéanfadh sé. Chonaic sé go raibh eagla ar a raibh san áit roimhe agus chuaigh sé a dhéanamh an diabhail orthu. Ba chuma leis caidé a dhéanfadh sé; bhí a fhios aige nach ligfeadh an eagla d'aon duine labhairt leis.

"Tháinig sé oíche amháin go dtí an leabaidh a raibh Sloth ina luí inti. Fuair sé greim gaosáin air. Ní raibh dul ag Sloth a anál a fháil leis mar ba cheart agus ní raibh a fhios aige caidé a bhí ag teacht air. Nuair a gheibheadh an fear eile ina chodladh é bheireadh sé greim ar ais air. Fá dheireadh mhuscail Sloth; d'éirigh sé agus fuair sé an t-óganach ina sheasamh i gcúl an dorais.

'Is fearr duit ligean domhsa,' arsa Sloth. 'Nó mura lige, is tú a bheas thíos leis,' ar seisean.

"Ach ní ligfeadh an fear eile dó. Dá luas is a chuaigh sé a luí fuair sé greim gaosáin arís air. Ní raibh Sloth ábalta a sheasamh ní b'fhaide. Thug sé aon léim amháin ina shuí agus tharraing a bhríste air.

'An sílfeá go rachfá a mhagadh ormsa?' ar seisean. 'Sin rud nár lig mise d'aon fhear riamh a dhéanamh, agus cha ligim duitse,' ar seisean. 'Gabh amach anseo go mbuaile mé caol na ndriseán ort,' arsa Sloth.

"Thug sé leis fear de na fir a sheasóchadh ceart daofa. Tarrier Jolly Rikes a thug sé leis.

'Anois,' arsa an Tarrier, 'buail in áit amháin é. Nó mura mbuaile, buailfidh seisean thusa, nó *scientific science man* atá san fhear sin agus buailfidh sé an dá shúil asat,' ar seisean.

'Ná hinseadh aon duine domhsa,' arsa Sloth, 'caidé an dóigh a mbuailfidh mé é, nó cuirfidh mé mo dhorn fríd.'

"Chuaigh an bheirt amach. Ní aithneochá difear ar bith

eatarthu ar feadh chúig mbomaite. Sa deireadh ghlac Sloth
fearg leis. Thug sé aon dorn amháin isteach i mbun an ghéill
dó agus thit sé as a sheasamh. Fuair Sloth greim air agus bhuail
sé naoi ndorn ina luí air agus hóbair dó a mharbhadh.

'Anois,' arsa Sloth, 'nuair a thiocfaidh tú chugat féin,
caithfidh tú imeacht as seo agus suaimhneas a thabhairt do
na daoine, nuair a rachaidh siad a luí, néal a chodladh. Shíl
tú,' ar seisean, 'go rachfá a bhobaireacht ormsa, ach chuaigh
an bhobaireacht an bealach contráilte duit.'

'Imeochaidh mé,' arsa an fear eile, 'ach níl aon leithphingin
agam, agus dá gcruinneochadh sibh sínteanas beag domh,
d'imeochainn nuair a thiocfainn chugam féin.'

'Nuair a cruinníodh sínteanas roimhe duit,' arsa Sloth, 'is
é rud a chuaigh tú a mhagadh ar na daoine. Agus anois imigh
chomh tiubh géar is a thig leat, agus ná feicim aon amharc
anseo choíche arís ort,' ar seisean.

"Dá luas is a fuair mac an duine uasail é féin a chroitheadh
suas bhí sé buíoch beannachtach is imeacht. Níor fhan sé le
cibé bratógaí beaga éadaigh féin a bhí aige a chruinniú suas.
Bhain sé ar shiúl amach chomh tiubh géar is a tháinig leis, agus
ní tháinig sé de chóir na hoibre go dtí gur fhág mise é," arsa
Eoin.

"Smuilcín gan mhúineadh a bhí ann," arsa mise.

"Ba é sin a ainm," arsa Eoin, "ach chuir Sloth múineadh
air aon uair amháin ina shaol."

"Arbh as an tír seo é?" arsa Donnchadh.

"Níorbh ea," arsa Eoin. "Ba as an Oileán Úr é. Ba mhaith
linn féin i gceart gur bhuail sé mac an duine uasail. Bhí a oiread
lúcháire orainn agus gur chruinnigh muid airgead dó. Nuair
a fuair sé an t-airgead dúirt sé go rachadh sé chun an bhaile,
agus chuaigh.

"I ndiaidh é an baile a bhaint amach bhí bealach traen á
dhéanamh in áit a dtugann siad Brooklyn air. Chuala sé go
raibh fir ag obair amuigh ansin a raibh aithne aige orthu. Amach
leis maidin amháin a fhad leis na botaíonnaí. Chuir sé ceist
an raibh aon fhear acu seo ag obair san áit. hÚradh leis nach
raibh.

"Shuigh sé i gceann de na botaíonnaí. Níor chuir aon duine chuige ná uaidh. Sa deireadh tháinig bean an bhotaí isteach agus cuma iontach mhíshásta uirthi. Chonacthas do Sloth go raibh, agus dar leis nach gcorróchadh sé go n-iarradh sí air é. Nuair ab fhada léithi a bhí sé gan imeacht, 'Shílfinn,' ar sise, 'go bhfuil tú fada go leor i do shuí ansin.'

'Ó,' arsa Sloth, 'níl mé ag gabháil a chaitheamh mo shaoil agat. Imeochaidh mé.'

"Síos leis a fhad leis an áit a raibh na hoibríonnaí ag obair, agus bhí Sasanach mór ina gheafar orthu agus é ag bualadh na nÉireannach uilig. Cé a thig isteach ach fear na mná a chuir Sloth amach ar maidin, ceathrar á iompar agus é chóir a bheith marbh!

'B'fhéidir,' arsa Sloth, 'go bhfaighinnse obair in áit an ruda atá ag teacht isteach.'

"Chuaigh sé a fhad leis an gheafar, agus fuair sé obair in áit an fhir a bhí gortaithe. D'iarr an Sasanach mór air a ghabháil síos agus *wagon* a líonadh. Ba mhaith le Sloth fearg a chur air, féacháil an rachadh sé a throid leis.

'Gabh féin síos,' arsa Sloth. 'Is agat is mó atá ann.'

"Thiompóigh an Sasanach mór thart agus chnag sé eadar an dá shúil é. Níor luaithe a rinne ná a thug Sloth an darna ceann dó. Shín an greadadh. Mhuirbhfeadh Sloth é, dá ligthí dó. Thug an fear eile isteach.

'Lig domh,' arsa an Sasanach mór. 'Tá mo sháith agam. Níor bhuail aon fhear riamh mé go dtí thú. Caithfidh sé gur tú *Riveter* New York — sin nó is tú an diabhal,' ar seisean.

'Mise an *Riveter,'* arsa Sloth. 'Tá mé ábalta do sháith a thabhairt duit. Agus má chluinim,' ar seisean, 'go dtógann tú do lámh le aon Éireannach dá bhfuil ag obair fút níos mó, brisfidh mé do mhuineál. Ní thearn tú a dhath i gan fhios domhsa,' ar seisean.

'Maith go leor,' arsa an Sasanach mór, 'ní thógfaidh mé mo lámh feasta leofa.'

"Síleadh an dúrud de Sloth. Thug an Sasanach mór ordú dona chuid fear é a iompar isteach chun an bhotaí ar a gcuid guailleach.

"D'éirigh mná na mbotaíonnaí uilig amach a chroitheadh láimhe leis. Agus cén chéad bhean a chuaigh a shíneadh a láimhe chuige ach an bhean a d'iarr air an teach a fhágáil ar maidin!

'Ná sín do lámh chugamsa,' arsa Sloth, 'nó dhéanfainn giotaí dithi. D'ordaigh tú amach as an bhotaí seo mise inniu,' ar seisean, 'agus nach mór an croí a fuair tú do lámh a shíneadh chugam?'

"Chruinnigh muintir na háite uilig isteach an oíche sin a dh'amharc ar Sloth agus a thabhairt airgid dó. Fuair sé a oiread an oíche sin agus gur chuir sé suas scoil bhocsála san áit.bhíodh sé ag foghlaim bocsála do bhuachaillí óga ansin, agus ní raibh feidhm air aon turn a dhéanamh ní ba mhó."

"D'éirigh go maith dó i ndeireadh na dála," arsa Donnchadh.

"D'éirigh," arsa Eoin. "Thug sé aire mhaith dó féin ar feadh tamaill ina dhiaidh sin. Stad sé den drabhlás. Chuaigh sé féin a chleachtadh bocsála, agus ba é an deireadh a bhí air go bhfuair sé an bheilt le caitheamh."

"Caithfidh mé féin a bheith ar shiúl," arsa Donnchadh, "nó tá bó againn a bhfuil a ham istigh le coicís, agus níor fhág mé aon duine i mo dhiaidh ach Bidí."

"Bhail, má tá tusa ag imeacht, a Dhonnchaidh," arsa mise, "tá sé chomh maith agamsa a bheith leat, nó bheadh uaigneas orm a ghabháil suas liom féin."

"Dheamhan ann ach gurbh fhiú daoibh a theacht," arsa Eoin, "má tá sibh ag imeacht mar sin. Ná bíodh sé i bhfad go dtige sibh ar ais."

"Ní bheidh," arsa Donnchadh. "Oíche mhaith daoibh."

"Oíche mhaith," arsa Eoin.

IX

Scéal Ned Jack

Bhí fear ina chónaí ar an bhaile seo fada ó shin a dtugadh siad Ned Jack air. Bhí sé ag coinneáil siopa beag lena bheatha a dhéanamh air. San am sin ní raibh bealach traen ar bith as Doire agus is é rud a chaití an t-earradh uilig a iompar ar dhroim beathach. Bhí gearrán dubh ag Ned agus dhá chliabh air fá choinne a chuid earraidh a iompar, agus bhí an gearrán seo gortha ar an ghearrán ab fhearr in íochtar na condae. Ní bhíodh Ned ag roinnt i bplúr ná i min ná i gcineálacha mar sin. Tobaca agus sópa agus brioscaí agus mionrudaí mar sin is mó a cheannaíodh sé. Théadh sé go Doire b'fhéidir cupla uair sa mhí, agus bhí an t-astar rófhada lena dhéanamh i lá amháin. Is é mar a níodh sé, théadh sé go Doire agus cheannaíodh sé lód, agus thigeadh sé leath bealaigh chun an bhaile an lá céanna. Bhí teach i nGleann Súilí a bhfaigheadh sé lóistín ann i gcónaí.

Bliain an drochshaoil bhí ganntanas mór ar an bhia agus chaitheadh Ned a ghabháil amach níos minice. Chuaigh sé amach an lá seo mar ba ghnách leis; cheannaigh sé a chuid earraidh i nDoire, chuir isteach sna cléibh iad agus bhain sé Gleann Súilí amach. Sa gheimhreadh a bhí ann agus bhí oíche iontach fhuar ann agus é ag plúchadh shneachta. Fuair Ned a shuipéar agus bhí sé ag gabháil a luí nuair a tháinig dhá ghasúr bheaga isteach a dh'iarraidh lóistín.

"'Bhfuil a oiread agaibh agus a dhíolfas ar a shon?'' arsa fear an tí.

"Muise, níl,'' arsa fear acu, "a dhath againn. Táimid ar ár mbealach go Leitir Ceanainn fá choinne a bheith ag aonach na bhfostaíoch amárach, agus shíl muid nach mbeadh fiacha orainn lóistín a ghlacadh, ach tá an oíche chomh mínádúrtha agus nach bhfuil uchtach againn fanacht amuigh. Agus ba mhaith dídean ar bith,'' ar siad.

"Bhail," arsa fear an tí, "dá dtugainnse dídean agus suipéar dá dtig an bealach seo gan pingin gan bonn, ní bheadh i bhfad go mbeinn féin ar an bhlár. Caithfidh sibh a ghabháil amach," ar seisean.

D'amharc Ned síos ar na gasúraí. Bhí cumhdach sneachta orthu agus iad ar crith leis an fhuacht. Ghlac sé truaigh daofa.

"Cad chuige a bhfuil tú ag cur amach na ngasúr?" ar seisean.

"Nach bhfuil a fhios agat nach beo a bheas na créatúir ar maidin, má chuireann tú amach iad leithéid na hoíche anocht?"

"Is cuma liom," arsa fear an tí. "Caithfidh siad a ghabháil amach."

Scairt Ned aníos ar na gasúraí. D'ordaigh sé suipéar daofa agus dhíol sé ar a shon. Nuair a bhí am luí ann fuair sé leabaidh daofa agus bricfeasta an lá arna mhárach. Thug sé scilling do achan fhear acu.

"Anois," ar seisean, "bainigí Leitir Ceanainn amach, agus tá dúil agam go bhfaighe an bheirt agaibh fostó maith. Coinnígí suas mur n-uchtach," ar seisean. "B'fhéidir go mbeadh saol maith ann ar an bhliain seo chugainn."

Thug sé scoith uchtaí daofa agus d'imigh siad agus buíochas mór acu air.

An darna huair a bhí Ned i nDoire ghlac sé lóistín sa teach chéanna. Bhí sé ina ghnás ag an fhear seo an paidrín a rá achan oíche sula dtéadh sé a luí, agus cé a bhí ag stopadh ann an oíche chéanna seo ach sagart. Fear muinteartha d'fhear an tí é, agus chonaic Ned ann go minic é. Nuair a tháinig am luí húradh le Ned go raibh an t-am ann an paidrín a ráit.

"Abradh achan duine an paidrín dó féin," arsa Ned. "Tá mise tuirseach anocht agus tá mé ag gabháil a luí."

"Cé atá ag cur suas don phaidrín a ráit?" arsa an sagart.

"Tá, mise," arsa Ned.

"Caidé an fáth nach bhfuil tú sásta an paidrín a ráit?" arsa an sagart.

"Tá," ar seisean, "ní abóraidh mise an paidrín i gcuideachta aon duine atá chomh lochtach leis an fhear seo."

"Caidé atá le ráit agat leis?" arsa an sagart.

"Tá, muise, inseochaidh mé sin daoibh," arsa Ned. "Tháinig

beirt ghasúr isteach anseo an oíche eile agus iad ag tarraingt go haonach an tSeanbhaile i Leitir Ceanainn a dh'iarraidh fostóidh. Chuirfeadh sé amach iad an oíche a bhí ann cionn is nach raibh siad ábalta a gcosán a dhíol. Tháinig fear ina dhiaidh sin go dtí an doras agus deich mbológaí goidte leis, agus cheannaigh sé seo uaidh iad agus thug sé ósta na hoíche go maidin dó. Anois," ar seisean, "caidé mur mbarúil den fhear sin a chuireas in iúl gur Caitliceach é i ndiaidh a leathbhreac sin a dhéanamh?"

"Ní chodlóchaidh tú an darna hoíche sa teach seo, a Ned," arsa fear an tí.

"Codlóchaidh mé anocht ann de d'ainneoin," arsa Ned, "nó níl aon fhear i nGleann Súilí a dtig leis mo chur amach. Agus má shíleann tusa," ar seisean, "go bhfuil tú ábalta, anois d'am."

Bhaige, níor dhúirt ceachtar acu a dhath leis. Thost siad araon. Chuaigh Ned a luí. D'éirigh sé an lá arna mhárach agus bhain sé Rann na Feirste amach lena ghearrán agus níor chodail sé aon néal sa teach sin ní ba mhó.

Tamall fada ina dhiaidh sin bhí Ned ag gabháil amach ar ais agus ghlac sé lóistín úr dó féin. Bhí sé inbhuailte ar an tseanlóistín ar achan uile dhóigh. Bhí muintir an tí iontach lách agus iad go maith i gceart do Ned de thairbhe a chuid seanchais agus a chuid amaidí. Bhí damhsa i dteach de chuid na comharsan an oíche seo agus d'iarr fear an tí ar Ned a bheith leis chuig an damhsa go bhfeiceadh sé cé leis a raibh aos óg na háite seo cosúil. Thoiligh Ned ar a bheith leis agus d'imigh siad. Nuair a tháinig siad a fhad leis an damhsa bhí teach mór aosa óig ann agus an gleo agus an ceol sin ann. Fuarthas áit suí do Ned as siocair mar bhí sé ina strainséir, agus rinneadh a mhór de.

D'amharc Ned thart agus tí sé fear beag meaite gan mhaith ina shuí thall i gcoirnéal agus scaifte de dhiúlaigh bhreátha ag bobaireacht air, agus ag tarraingt a chuid gruaige, agus é ina chuid chuideachta acu. Bhí buachaill mór ard dóighiúil ann agus ba é ba mheasa den iomlán. Bhí siad ag gabháil don tsampla dheileoir riamh gur chuir siad a chaoineadh é. Anonn le Ned a fhad leofa.

"Shílfinn," ar seisean, "fear breá dóighiúil cosúil leatsa, go bhfuil sé gránna agat a bheith ag bobaireacht ar an chréatúr bhocht shoineanta sin. Níl sé deas agat ar chor ar bith."

Thóg an buachaill suas chuige féin é.

"Nach cuma duitse mé a bheith ag bobaireacht air?" ar seisean. "Ar ndóigh, ní dadaidh duitse é. Agus rachainn a bhobaireacht ortsa fosta," ar seisean le Ned.

"Bhail, sin rud amháin nach ndéan tú," arsa Ned, "nó níor lig mise d'aon fhear riamh a ghabháil a bhobaireacht orm, chan é amháin tusa."

Tharraing Ned a dhorn air agus leag sé i lár an urláir é. D'éirigh fear an tí ag déanamh go mbuailfí Ned agus chuaigh sé eatarthu.

"I mo strainséir agus uile mar atá mé," arsa Ned, "níl lá eagla orm roimh aon fhear sa teach, agus bhí mé lá de mo laetha a mbuailfinn achan deichniúr agaibh," ar seisean.

Ghoill seo orthu, agus anuas le beirt d'fheara breátha ón tinidh ag brath iarraidh a thabhairt ar Ned. D'éirigh stócach thíos i gceann an tí.

"Suígí fúibh," ar seisean leis na fir, "nó buailfidh sé an bheirt agaibh, agus níl maith daoibh féacháil leis."

D'éirigh fear eile sa choirnéal thall.

"Níl," ar seisean, "ná aon fhear fá chúig mhíle den áit, chan é amháin aon fhear dá bhfuil sa teach."

Shocair siad arís agus thoisigh an damhsa. Tháinig an bheirt seo a labhair ar shon Ned anall a fhad leis.

"An aithneann tú muid?" ar siadsan le Ned.

"Ní aithním," arsa Ned. "Ní cuimhin liom go bhfaca mé aon fhear agaibh eadar an dá shúil riamh."

"Bhail," arsa fear acu, "is sinne an bheirt ghasúr ar dhíol tú ár lóistín fada ó shin agus gan aon leithphingin againn féin le díol. Agus dá luas is a tháinig tú isteach ar an doras d'aithin muid thú."

"Ní aithneochainnse choíche sibhse," ar seisean. "Nach sibh a d'éirigh mór ó shin!"

D'iarr siad ar Ned a bheith leofa amach. Chuaigh, agus bhain siad teach na tábhairne amach, agus cé a lean iad ach an fear

mór a raibh Ned ag troid leis. Ní ligfeadh aon fhear den bheirt
do Ned deoch a tharraingt. Iad féin a bhí ag seasamh uilig.

D'fhiafraigh Ned díofa caidé an t-ábhar nach ligfeadh siad
dó deoch a tharraingt. D'inis siad dó caidé a rinne sé daofa
agus go raibh ceart maith acu a lámh a sheasamh nuair a casadh
orthu é. Fuair an fear mór deoch fosta, ach má fuair féin,
chuaigh sé thart le Ned agus ní thug sé a dhath dó.

Tharraing Ned é féin deoch ansin, agus thug sé deoch do
achan fhear. An fear mór nach dtug deoch ar bith uaidh thug
Ned dhá dheoch dó.

"Caidé an fáth a dtug tú beirt domhsa," arsa an fear, "agus
gan a thabhairt don mhuintir eile ach ceann amháin?"

"Tá," ar seisean, "ní raibh a dhath de dhroch-athfhiarach
riamh agam nach gcuirfinn an dúbladh síl air. Mura bhfuil tú
maith," ar seisean, "b'fhéidir go mbeifeá maith."

"Bhail," arsa an fear mór, "sin an fhírinne. Níl a dhath
agamsa i d'éadan. Ól sin go raibh ceann eile againn."

hÓladh. Rinneadh suas an carthanas agus ní raibh ní ba mhó
de.

Bhí sé oíche eile ag teacht isteach. Sa gheimhreadh a bhí
ann. Oíche iontach dhoineanta a bhí ann agus é ag plúchadh
shneachta. Ní raibh seasamh an fhuaicht aige an uair seo, mar
bhí an duine bocht ag gabháil anonn in aois agus an fhuil ag
éirí fuar. Shíl sé go mbuafadh leis an lóistín a bhaint amach,
ach chuaigh an fuacht sa chroí ann fá dheireadh agus thug sé
é féin suas. Chuaigh sé féin agus a ghearrán isteach i gcúl
cloiche a bhí ann agus thug sé é féin suas don bhás. Sa deireadh
mhoithigh sé an duine ina sheasamh os a chionn agus á thógáil.
An darna háit a fuair Ned é féin ina luí ar leabaidh agus é sa
smeach dheireanaigh. Tugadh biotáilte the dó. Cuireadh teas
éadaigh air, agus ar maidin lá arna mhárach bhí Ned ar a
sheanléim arís. D'éirigh sé agus bhí bricfeasta réidh fána
choinne agus chaith sé é.

"Cá háit a bhfuair sibh aréir mé," ar seisean le bean an tí,
"nó caidé an dóigh a bhfuair mé a theacht anseo?"

"Chan mise a fuair ar chor ar bith thú, ach deartháir domh
a fuair thíos ansin i do luí i gcúl binne thú agus tú, féadaim
a rá, sa smeach dheireanaigh," ar sise.

"Tá mé iontach buíoch daoibh," ar seisean. "Caithfidh mise an baile a bhaint amach, ach caidé do luach saothair sula n-imí mé?"

"A dhath ar bith," ar sise.

"Caidé an bhinnbharraíocht atá amuigh agamsa le go ndéanfadh sibh a leithéid sin domh in aiscidh?" arsa Ned.

"Inseochaidh mé sin duit," ar sise. "Bhí mo dheartháirse i dteach damhsa ar an bhaile seo oíche amháin fada ó shin, agus bhí siad ag tarraingt a chinn agus ag bobaireacht air — agus é ar an bhaile ar tógadh ann é," ar sise. "Bhaiceáil tusa é an oíche sin agus thug tú orthu stad, agus dheamhan duine a chuaigh a bhobaireacht air ó shin. Agus," ar sise, "bhéarfainn trí oíche lóistín duit, chan é amháin an rud a rinne muid."

"Bhail," ar seisean, "níor shíl mise a dhath de sin."

"Cibé acu a shíl nó nár shíl," ar sise, "shíl muidinne é, agus má bhíonn tú ag teacht an bealach choíche arís ná déan dearmad a theacht anseo agus gheobhaidh tú lóistín go maidin — agus go ceann seachtaine, más mian leat é," ar sise.

"Tá mé buíoch duit," arsa Ned, "ach ní dóiche go dtaraim choíche arís. Thug an iarraidh seo mo sháith domh."

Cóiríodh gearrán Ned; tugadh coirce agus féar dó; cuireadh an lód ar ais air, agus bhain sé Rann na Feirste amach chomh haigeantach le aon lá riamh.

Níor mhair sé i bhfad ina dhiaidh sin. Bhuail cloíteacht é an geimhreadh sin. Ní raibh dul aige fáil réitithe as agus fuair an duine bocht bás i dtús an earraigh. Bhí a chuimhne aige go dtí an deireadh agus bhí sé ag comhrá leis an mhuintir a bhí istigh. Thiontaigh sé siar ar an bhalla. Níor labhair sé an darna focal gur fhág an anál é.

X

Scéal Chroíáin

Bhí Croíán ina chónaí ar an Bhráid a chéaduair, é féin agus
a dheartháir, Stróic. Ní raibh iontu sin ach leasainmneacha.
Séamas a bhí ar Chroíán ó cheart, agus Antain a bhí ar Stróic.
Is é an dóigh ar baisteadh na leasainmneacha seo orthu, bhí
siad thíos ar an tráigh lá amháin nuair a bhí siad ina ngasúraí
beaga, agus bhí a máthair leofa síos. Thoisigh Antain a
dhéanamh stríocacha sa ghaineamh agus bhí Séamas á
milleadh, agus thoisigh an bheirt a gheamhthroid le chéile.
Tháinig bean thart agus chuir sí ceist ar an mháthair cad chuige
a raibh na gasúraí ag troid.

"Tá," ar sise, "bhí Antain ag déanamh stróic sa ghaineamh
agus bhí an croíán á milleadh."

Mhair na hainmneacha sin daofa agus níor tugadh aon ainm
orthu go bhfuair siad bás ach Stróic agus Croíán. Ní raibh
aithne ar bith agam féin ar Stróic nó ní fhaca mé riamh é, ach
bhí na deich n-aithne agam ar Chroíán.

Nuair a d'fhás Croíán aníos go dtí go raibh an t-am aige bean
a tharraingt air, chuaigh sé soir go Fánaid a dh'iarraidh mná.
Ní raibh dúil ar bith aige sna mná a bhí ar an bhaile. Chonacthas
dó nach raibh siad maith go leor aige. Bhí aithne aige ar chailín
thoir ansin a raibh Máire Ní Ghealbháin uirthi. Thit sé i ngrá
léithi, agus chuaigh sé soir agus phós sé í. Bhí teach aici seo
agus giota maith talaimh fosta, agus bhí Croíán ag cur in iúl
daoithi go raibh neart talaimh aige féin abhus sna Rosa. Ach
dheamhan preab spáide de thalamh a bhí aige. Is é rud a bhí
sé ag brath ise a mhealladh leis an áit thoir a dhíol agus eisean
an t-airgead a chur ina phóca agus a theacht anoir chun an
bhaile.

Bhí siad ag teacht le chéile i gceart ar feadh chupla bliain
go dtí gur éirigh Croíán uaigneach agus gur mhaith leis a bheith

abhus sna Rosa arís. Chuaigh sé a fhad le Máire agus d'inis sé daoithi caidé mar a bhí — gurbh fhearr daofa an talamh a bhí thoir acu a dhíol agus a theacht anoir go dtí an áit a bhí aigesean sna Rosa. Chreid Máire é, agus d'imigh sí agus dhíol sí an teach agus an talamh agus a raibh aici. Tháinig siad anoir chun na Rosann agus an t-airgead leofa. Trasna an Phointe a tháinig siad agus nuair a bhí siad ar an Mhaoil Mhóir luigh Croíán agus thoisigh sé a chaoineadh.

"A Dhia, a Shéamais," ar sise, "caidé atá ort?"

"Á," ar seisean, "tá mo sháith. Nach bhfeiceann tú go bhfuil mo theach agus mo chuid talaimh agus a raibh agam síobtha amach ar an fharraige? Ní bheidh mé ábalta seo a sheasamh," ar seisean. "Gheobhaidh mé bás."

Bhí sé ag rá gur sin a chuid talaimh — an Tráigh Bhán.

"Bhail, a Shéamais," ar sise, "caithfear a theacht leis. Níl neart air."

"Is é a bhfeicim fánár gcoinne anois, a Mháire," ar seisean, "muid Albain a bhaint amach. Níl talamh ná tráigh agamsa anois, agus le muid tiontó thart agus giota talaimh a cheannacht anseo bheimis gan pingin gan bonn. Agus dá mbeimis ar an taobh thall, thiocfadh linn an t-airgead a thiontó isteach i rud inteacht," ar seisean.

"Tá mé ag déanamh go bhfuil an ceart agat, a Shéamais," ar sise. "Sin an rud céanna is fearr dúinn a dhéanamh."

Chuaigh siad ar bord i nDoire. I ndúlaíocht an gheimhridh a bhí ann agus bhí an fharraige garbh. Tháinig báthadh ar an tsoitheach agus síobadh suas í go dtí áit a dtugann siad Bun Abhann Dalla air. Bhí leanbh leofa fosta a raibh Neansaí Chroíáin uirthi agus bhí sí ar iompar leis an athair. San am seo bhí an bád réidh le a ghabháil go tóin.

"Caidé a dhéanfaimid leis an airgead, a Shéamais?" arsa an bhean. "Táimid féin ag gabháil a bheith báite!"

"Cá bhfuil sé agat?" arsa Croíán.

"Tá sé sa phóca sin," ar sise.

Ní thearn Croíán ach ceann de na bádaí beaga a chaitheamh amach, an póca a raibh an t-airgead ann a sciobadh de Mháire, agus ar shiúl leis isteach sa bhád agus an leanbh ina ucht leis.

"A Chroíáin chaoich," arsa an bhean, "tá amharc do dhá shúl leat."

Leis sin chuaigh an soitheach síos agus báitheadh Máire. Tháinig Croíán agus Neansaí i dtír agus bhain siad Rann na Feirste amach, agus dheamhan labhairt a rinne Croíán ar Mháire ón lá sin go dtí an lá inniu.

Chaith sé tamall fada ag gabháil thart fán bhaile, gan é ag déanamh aon turn ach ar shiúl leis ó theach go teach. Lig sé air féin nach raibh leithphingin ar bith aige. Ghlac na daoine truaigh dó agus bhí siad á thógáil agus ag tabhairt dídean na hoíche go maidin dó.

Fá dheireadh bhuail sé suas le bunbhean as Rann na Feirste a dtugadh siad Róise Mhánais uirthi. Is cosúil gur lig sé a rún léithise fán airgead. Ach ab é gur lig, ní ghlacfadh sí é.

Bhí scaifte mór gabhar aige thoir i gCarraig an Choill, agus d'imíodh na gabhair leofa achan áit fríd an bhaile agus bhí trioblóid mhór aige leofa. Ach bhí sé tráthnóna amháin thoir i nDoire na Mainséar á gcuartú, agus ní raibh dul aige iad a fháil. Bhí sé ag pilleadh anoir chun an bhaile ar ais, agus casadh fear air agus gearrán bán leis.

"An tú Séamas?" arsa an fear leis.

"Is mé," arsa Croíán.

"Gabh aníos anseo ar mo chúla," ar seisean, "go bhfága mé thiar sa bhaile thú."

Níor shíl Séamas a dhath de. Suas leis ar a chúla agus an chéad áit a dtug sé fá dear é féin ag gabháil suas ag teach Shéimí Johndy, scaifte roimhe agus scaifte ina dhiaidh agus buachalán buí le achan fhear. Thug Croíán iarraidh a theacht den bheathach, ach ní ligfeadh an marcach dó.

"An miste domh a fhiafraí díot cá bhfuil sibh ag gabháil?" arsa Croíán.

"Tá, muise," arsa an marcach, "táimid ag gabháil siar go Sligeach a ruaig ar chailín óg atá thiar ansin, agus ní bhfaighimid í gan duine saolta a bheith linn."

B'éigean do Chroíán a chroí a chur in áit chónaithe, agus dheamhan stad a rinne siad go raibh siad thiar i Sligeach. Nuair a tháinig siad go dtí an teach chuaigh siad uilig suas i mullach an tí. Bhris siad poll ar rigín an tí, agus chuaigh siad a dh'amharc síos go bhfeiceadh siad caidé an dóigh a bhí ar an mhuintir a bhí thíos. Bhí pota mór brúitín i lár an urláir, agus an cailín seo a bhí siad ag brath a fhuadach, bhí sí ag brú an bhrúitín. Sa bhomaite ar amharc siad síos thit an cailín ag taobh an phota.

"Do Dhia is do Chríosta thú!" arsa Croíán.

D'éirigh an cailín arís. Nuair a chonaic siad go raibh Croíán ag cuidiú léithi, bheir siad air agus chuir siad ar fhíormhullach a chinn isteach i bpota an bhrúitín é. Scanraigh muintir an tí nuair a chonaic siad an fear ar mhullach a chinn sa bhrúitín. Shuigh siad uilig thart, agus Croíán sa bhrúitín agus gan é ábalta a fhágáil.

"De gheall ar Dhia," arsa an bhean, "agus tógaigí as pota an bhrúitín é go bhfeicimid caidé an rud é!"

Thóg siad é agus chuir siad ceist i mBéarla air cé hé féin. Ní raibh Béarla ar bith ag Croíán agus níor thuig sé iad, agus ní raibh Gaeilic ar bith acusan, agus bhí siad ansin gan ceachtar acu ábalta an duine eile a thuigbheáil.

Ghlac an mhuintir bheaga truaigh dó, agus thug siad amach arís é. Chuir siad isteach i dteach uisce bheatha é nach raibh aon duine ina chónaí ann. Bhris siad na buidéil agus dhoirt siad an t-uisce beatha agus d'fhág siad Croíán istigh ina ndiaidh.

Nuair a tháinig an fear ar leis an teach isteach ar maidin, fuair sé an teach uilig briste agus Croíán ina shuí ansin. Chuir siad fá choinne na bpéas, agus beireadh air agus thug siad leofa chun na beairice é. Ní raibh aon fhocal Gaeilge ag na péas agus ní raibh Béarla ar bith ag Croíán agus ní raibh siad ábalta a chéile a thuigbheáil. Choinnigh siad lá é, ach ní raibh dul acu caint ar bith a bhaint as.

Tháinig an mhuintir bheaga ar ais agus thug siad leofa é, agus dheamhan aiteannach ná tom dreasóg ná áit gharbh ó seo go Sligeach nach dtug siad fríd é go dtí gur stróic siad uilig go léir é. Bhí sé ag rá nuair a bhí sé abhus sa bhaile nach raibh a dhath fágtha den bhríste ach an vásta. Luigh sé sé seachtaine déag ina dhiaidh, agus ní tháinig sé chuige féin go bhfuair sé bás.

XI

Gasúr na gCos Mór

Bhí an gasúr seo ina chónaí ar an Bhráid agus ní raibh aon duine agna mháthair ach é. Gasúr iontach láidir a bhí ann agus bhí siad ag rá go raibh sé ábalta fir mhóra láidre a bhualadh nuair nach raibh sé ach dhá bhliain déag. Bhí ró titheach ar an Tráigh Bháin an uair sin. Bhail ní tithe go hiomlán a bhí iontu ach bothógaí; ach bhí siad ann, d'ainneoin nach bhfuil ceann ar bith acu ann anois. Bhí an saol olc agus ní raibh bia ar bith ag teacht ach cibé a sheifteochadh na daoine fán chladach. Sa deireadh fuair fear as an Phointe — Gán a bheireadh siad air — fuair sé soitheach mór mine isteach go Poll an Mhadaidh Uisce. Chuaigh an t-iomrá amach go dtáinig an soitheach seo isteach, agus bhí siad ag teacht as anoir agus aniar ann a dh'iarraidh mine. Tháinig a oiread ar scor ar bith agus nach raibh Gán ábalta a thabhairt do achan duine ach peice amháin mine. D'iarr a mháthair ar ghasúr na gcos mór a ghabháil síos fosta agus peice a iarraidh. Bhí sé ansin agus cóta mór báinín bhrocaigh air.Níor baineadh aon ribe gruaige riamh de, agus leoga, an té a tífeadh é, déarfadh sé go raibh sé achan chineál ach é a bheith ina bhuachaill dhóighiúil.

"A rún," ar sise, "caithfidh tú éirí agus a ghabháil síos tigh Ghán fá choinne peice mine."

"Cha dtéim," ar seisean, "nó cha dtig liom a ghabháil inniu. Tá mé féin agus Ballán Róise agus Earbhán Antain agus scaifte againn le lá iomána a bheith againn in éadan mhuintir Rann na Feirste inniu," ar seisean, "agus mura dtéinn agus iad cailleadh, mhuirbhfeadh siad mé."

"Bhail, a rún," ar sise, "is fearr duit a ghabháil, nó ní bheidh aon ghreim suipéara le hithe agat anocht."

"Rachaidh mé amárach," ar seisean, "agus ar ndóigh, nach mbeidh sé in am go leor?"

"Mura dté tú inniu," ar sise, "ní bheidh a dhath fá do choinne amárach, agus ansin caidé atá le déanamh againn?"

Ní raibh a dhath ag gasúr na gcos mór le déanamh ach mála a chur ina ochras agus imeacht leis, agus níor stad sé go raibh sé thíos tigh Ghán.

Bhí an tír cruinn ansin agus iad uilig ag iarraidh mine. Chuaigh gasúr na gcos mór isteach fríofa. Bhí fear ann a dtugadh siad Pincín air. Chonaic sé gasúr na gcos mór agus chuir sé sonrú ann. Chuaigh sé anonn a fhad leis agus chuaigh sé a tharraingt na gruaige de agus a gháirí faoi. Bhí eagla roimh Phincín air agus chuaigh sé a chaoineadh. Nuair a chonaic Pincín gur duine mar seo a bhí ann, thoisigh sé arís air agus ní raibh sé ag brath stad. Ghlac gasúr na gcos mór fearg leis sa deireadh agus bhuail sé dorn air. Thoisigh an troid eadar an bheirt, agus bhuail gasúr na gcos mór Pincín sa deireadh agus chríochnaigh sin an magadh.

Bhí comrádaíonnaí ag Pincín ann, agus níor thaitin sé ar chor ar bith leofa nuair nár bhuail sé an fear eile. Bhaiceáil siad é agus thoisigh an triúr ar ghasúr na gcos mór. Chonaic sé go raibh siad ag gabháil a fháil lámh an uachtair air agus b'éigean dó teitheadh.

Chuaigh sé isteach i mbóitheach Ghán, agus cé a bhí ansin ach cuid níonacha Ghán agus iad ag bleán eallaigh.

"Tá do sháith inniu agat," arsa bean acu, "agus ba mhór an truaigh."

"Choimrí m'anam thú," ar seisean, "tabhair airteagal inteacht domh a shábhálfas ar mo mharbhadh mé!"

Thug bean acu léithi corrán agus ghearr sí rópa a bhí ag ceangal stáca bó a bhí ann, agus chaith sí an stáca chuige.

Chuaigh sé amach agus shín sé orthu leis an stáca agus d'fhág sé an triúr ina luí i gcarn aoiligh Ghán agus gan iad ábalta bogadh.

Chuaigh sé isteach chuig Gán fá choinne pheice na mine. Shín sé an mála chuige.

"Caidé an méid mine atá tú a iarraidh?" arsa Gán leis.

"Caidé an méid a bheinn a iarraidh," ar seisean, "ach an méid atá siad uilig a iarraidh?"

"Peice?" arsa Gán.

"Bhail, sin an méid a d'iarr mo mháthair orm a iarraidh ar scor ar bith," ar seisean.

"Bhail," arsa Gán, "chan peice a bheirimse duit ach mála dhá chéad, nó is tú an gasúr is fearr sna trí pobail."

"Cad chuige an abair tú sin?" arsa gasúr na gcos mór.

"Ó, tá," arsa Gán, "tá sé cruthaithe agat. Nach bhfaca mé thú ag bualadh triúr de bhológaí fear ansin inniu agus gan ionat ach gasúr? Is maith mar a bheidh tú nuair a bheas aois fir agat," ar seisean.

"Muise," arsa gasúr na gcos mór, "ní fhágfainn mo lámh thíos ar chor ar bith leofa, ach ab é gurbh iad féin ba chiontaí. Thoisigh Pincín a tharraingt mo chuid gruaige agus bhain sé mo mhíthapa asam, agus bhuail mé é agus bhuail mé i gceart é. Thoisigh triúr acu orm ansin. Ní thearn mé ach reathaidh chun an bhóithigh fá choinne stáca bó agus iad a chnagadh leis agus a bhfágáil ina luí sa charn aoiligh," ar seisean.

"Is maith a rinne tú é," arsa Gán. "B'fhéidir gurbh fhearr duit a bheith ar shiúl chun an bhaile ionsar do mháthair leis an mhin. An mbeidh tú ábalta mála an dá chéad a iompar, do bharúil?" ar seisean.

"Féachfaidh mé leis," arsa an gasúr.

Thóg Gán mála an dá chéad air, agus níor bhain sé lúbadh ar bith as na hioscaidí aige. Tháinig sé aníos an Carn Buí, aníos an Tráigh Bhán agus isteach chuigna mháthair.

"A Dhia, a mháthair," ar seisean, "tá mé tinn."

"Caidé a tháinig ort?" ar sise.

"Bhí mé ag troid le Pincín," ar seisean.

"Caidé a thug ortsa a ghabháil a throid leis?" ar sise.

"Bhí sé ag tarraingt mo chinn agus ag magadh orm," ar seisean. "Déan toirtín domh go dté mé a luí."

D'imigh sise agus rinne sí an toirtín dó, agus chaith sí ar na haibhleogaí é. D'ith sé é agus d'ól sé brachán ina dhiaidh. Chuaigh sé a luí agus chodail sé ceithre huaire déag.

"A mháthair," ar seisean, "an dearn tú mo léinidh bharraigh domh go fóill?"

"Bhail," ar sise, "cha dearn nó ní raibh aon duine agam a

dhéanfadh í. Gabh suas," ar sise, "ionsar Bhrocaí Phádraig
an Mhoirtéil agus dhéanfaidh sí an léinidh inniu duit. Níl aon
bhean anseo ábalta léinidh a dhéanamh ach í. Agus tá cuidiú
anois aici — Máire Pholl an Ró. Ní bheidh siad i bhfad léithi
ach a oiread, nó is é Pádraig an Mhoirtéil do charas Críosta,"
ar sise.

"Sin an rud céanna a dhéanfaidh mé," ar seisean, agus
d'imigh sé leis agus ábhar na léineadh leis ag tarraingt ar
Bhrocaí.

Nuair a tháinig sé isteach cuireadh fáilte mhór roimhe. Ní
raibh sé i bhfad istigh gur inis sé caidé an gnoithe a bhí aige.
Toisíodh ar an léinidh agus ní rabhthar i bhfad á dhéanamh dó.

Bhí ochtar mac ag Pádraig agus iad uilig inchurtha le chéile.
D'éirigh sean-Phádraig é féin amach, agus cé a tí sé ag gabháil
an tráigh ach Micheál Rua ag gabháil chun an Phointe a dh'ól
bláiche.

"Amach linn," arsa Pádraig," go mbuailimid Micheál Rua.
Tá sé ag gabháil thart ansin achan lá mar a bheadh sé ag magadh
orainn," ar seisean.

Amach leofa agus síos go dtí an tráigh. Chuir siad gasúr na
gcos mór rompu. Bheadh bata draighin ar iompar i gcónaí le
Micheál Rua. Trodaí mór a bhí ann, agus ar an tséala sin ní
rachadh sé áit ar bith gan an bata. Tháinig clann Phádraig an
Mhoirtéil anuas agus gasúr na gcos mór ar tús.

Chonaic Micheál iad ag teacht anuas ón teach. Bhí a fhios
aige gurbh é rud a bhí siad ag gabháil á bhualadh, ach an seort
duine a bhí ann, níor thiontaigh sé cúl a chinn lena námhaid
riamh. Sheasaigh sé go dtáinig siad a fhad leis. Labhair gasúr
na gcos mór ar tús leis.

"An tú Micheál Rua?" ar seisean.

"Is mé, a ghamhain," arsa Micheál. "Nach sílfeá gur chuma
duitse cé mé féin? Agus ach ab é nach fiú liom mo lámh a
fhágáil thíos leat, rannfainn do chnámha ar a chéile," ar
seisean.

Ghoill seo ar ghasúr na gcos mór agus thoisigh siad uilig
ar a chéile — an deichniúr in éadan Mhicheáil. Thoisigh an
marfach ach níor mhair sé i bhfad uilig, nó d'fhág Micheál ina

luí uilig iad i gclocha na feamnaí. D'imigh Micheál agus shuigh
sé thíos ar an Mhaoil Mhóir. D'amharc sé aníos agus chonaic
sé corrdhuine acu ag tógáil a chloigne anois agus arís. Bhain
Micheál a bhean mhuinteartha amach gur ól sé a sháith bláiche.

"'Bhfuil scéal nuaidh ar bith agaibh ar an bhaile seo inniu?"
ar seisean.

"Níl," ar sise, "ach gur bhuail gasúr na gcos mór Pincín agus
Ballán Róise anseo inné."

"Tím," arsa Micheál Rua. Níor lig sé a dhath air féin, agus
níor chuir sé iontas ar bith ann.

Bhuail breoiteacht gasúr na gcos mór ina dhiaidh sin, agus
níor mhair sé i bhfad. Fuair sé bás an bhliain sin. Bhí daoine
ag rá dá maireadh sé nach ndéanfadh Micheál Rua lámh ar bith
dó. Agus bhí Micheál é féin ina bhulaí fir.

XII

Scéal Chathaoir Uí Dhoirnín

Bhí Cathaoir ina chónaí thuas i bPoll Chró Bheithe. Áit iontach uaigneach fhiáin atá ann. Ní raibh agna mháthair ach é, agus níor mhaith léithi é a imeacht uaithi go bhfaigheadh sí féin bás. B'fhada roimhe sin a d'fhéad Cathaoir a ghabháil chuig mnaoi, nó bhí aois a phósta i gceart aige. Ina dhiaidh sin níor mhaith leis a ghabháil thaire chomhairle a mháthara. D'fhanóchadh sé aicise a fhad agus a bheadh sí beo, déanadh na mná a rogha rud.

Fá dheireadh bhuail breoiteacht an mháthair agus b'éigean daoithi an leabaidh a bhaint amach. Níor chuimhneach le Cathal í a fheiceáil ina luí le tinneas riamh roimhe. Bean mhór láidir bhuí gharbhdhéanta a bhí inti a raibh seasamh an anróidh inti. Rinne Cathaoir a dtiocfadh leis le biseach a dhéanamh daoithi, ach ní raibh maith ann. Ní raibh sí ach seachtain ina luí gur shíothlaigh sí.

I ndiaidh é a mháthair a chur bhuail uaigneas é, agus ní raibh sé ábalta codladh sa teach ní b'fhaide. Ba mhaith leis bean a thabhairt isteach, ach an mbeadh sé ábalta bean ar bith a fháil san áit a raibh sé? Ar ndóigh, lig sé na blianta thart a dtiocfadh leis a bhfáil, ach ba í a mháthair ba chiontaí leis sin.

Bhí bunbhean abhus i Rann na Feirste a dtugadh siad Nóra Sheáin uirthi. Tháinig sé féin agus beirt fhear eile anuas. hIarradh an bhean dó agus fuair sé í. Thug sé suas leis í, agus bhí siad ag gabháil i gceart ar feadh tamaill. Chonacthas do Nóra Cró Bheithe a bheith iontach uaigneach, agus ba mhaith léithi a bheith abhus sa bhaile ar ais.

Chomhairligh sí Cathaoir an áit thuas a dhíol agus a theacht anuas agus áit a cheannacht abhus. Ba doiligh le Cathaoir gan í a shásamh. Dhéanfadh sé rud ar bith daoithi ach í a bheith sásta. D'imigh sé agus dhíol sé an talamh, agus tháinig siad go Rann na Feirste agus cheannaigh siad áit abhus.

San am sin bhí bád ag achan uile fhear teaghlaigh i Rann na Feirste. Thug Cathaoir an dúnóisean do na bádaí agus ba mhaith leis ceann a fháil. Ach san áit ar tógadh é ní raibh bádaí ar bith ann, agus ní raibh a fhios aige an dóigh le iad a oibriú. Chuaigh sé síos go céidh Mhicí Óig agus fuair sé seanrámha. Thug sé aníos é: chuir sé ar claí é agus thoisigh sé a dh'iomramh leis go láidir. Tháinig Nóra amach agus shuigh sí ar carraig a choimhéad air. Thoisigh sí á mholadh agus a rá go raibh sé iontach maith ag iomramh. Dá bhfuigheadh sé cupla lá ag cleachtadh ar an chlaí bheadh sé chomh maith leis an darna duine, dúirt sí.

Tháinig comrádaí dena chuid anuas ar cuairt chuige — fear a dtugadh siad Tadhg Ó Doirnín air. D'iarr sé ar Thadhg a ghabháil ar chúl láimhe leis ar an chlaí agus chuaigh Tadhg. Chaith siad an tráthnóna sin ag iomramh ar an chlaí. Bhí Nóra amuigh i rith an ama agus í ag rá go raibh Cathaoir á fhoghlaim i gceart.

D'éirigh Cathaoir tuirseach sa deireadh agus ar seisean le Tadhg: "Bhéarfaimid ruaig síos go Tóin Rann na Mart go bhfaighimid dornán crúbóg."

"Tá mé sásta," arsa Tadhg.

Chuaigh an bheirt síos agus iad sásta i gceart. Chuaigh Cathaoir a chuartú na gcrúbóg. Chuir sé a lámh siar faoi charraig a bhí ann agus fuair sé greim ar chrúbóig, agus fuair an chrúbóg greim air. Ghearr sí barr an mhéir de. Tháinig sé amach agus é ag caoineadh.

D'fhiafraigh Tadhg de caidé a tháinig air. Dúirt sé gur ghearr an chrúbóg é.

"Bhail," arsa Tadhg, "má tá an darna ceann istigh taradh sí amach chugamsa agus troidfidh mise í féin nó aon cheann dá mbaiceálfaidh í i dTóin Rann na Mart."

Chaith siad díofa na cótaí a bhí orthu agus rinne siad rud a raibh leabhair air, ag bagar ar na crúbógaí agus ag tabhairt a ndúshláin a theacht amach a throid.

XIII

Mar a Tugadh as Tuathal na Gruaige

Is minic a chuala mé m'athair ag inse fán am ar tugadh as an fear seo. D'éirigh dó dálta mar a d'éirigh do Chroíán an uair udaí. Fear a bhí ann a raibh dúil mhór i spórt aige agus a raibh toil ar leith aige d'imirt chártaí. Níl aon áit ó Ghaoth Dobhair go Gaoth Beara a gcluinfeadh sé imirt chártaí ag gabháil nach dtarrónadh sé air. Ní fhaca sé aon leithphingin riamh nár ól sé agus nár imir sé, agus ar an ábhar sin bhí sé i gcónaí i mbochtaineacht.

Bhíodh a mhuintir ag éileamh air go minic as siocair é a bheith chomh drabhlásach agus a bhí sé. Ach ní raibh maith a bheith leis. Bheadh a dhóigh féin aige i ndiaidh a gcanadh siad. Agus ní raibh ní b'fhearr le déanamh acu ach a fhágáil ansin agus a ligean lena olc féin.

Oíche amháin i dtús an gheimhridh fuair Tuathal leideadh go raibh imirt chártaí le bheith thoir i mbarr Ghaoth Dobhair. Ar ndóigh, ní raibh de dhíobháil air ach an leideadh. D'imigh sé ardtráthnóna agus dheamhan stad a rinne sé gur bhain sé teach na himeartha amach.

Thoisigh an imirt go gearr i ndiaidh eisean a theacht, agus mhair sí go raibh an meán oíche dearg ann. Nuair a bhí an imirt thart d'éirigh achan fhear ag baint an bhaile amach. Ní raibh fear ar bith ag teacht anoir bealach Thuathail ach mura raibh féin chan uaigneas a bhí air, nó níor ghéill sé do thaibhsí riamh agus shiúladh sé áit ar bith leis féin san oíche. Bhí oíche dheas smúidghealaí ann, é chomh ciúin agus nach mbogfadh ribe ar do cheann, agus an spéir breac le réalta. Anoir leis fríd chabhsaíocha bharr Ghaoth Dobhair, anall clochar an Dúin Bháin agus é ag toghadh a choiscéim chomh maith agus a tháinig leis. Agus ba doiligh sin a dhéanamh, nó tá an clochar céanna aimhréidh go maith, agus bhéarfadh sé a sháith do dhuine a chosán a dhéanamh ann i lár an lae ghil chan amháin san oíche. Threabhaigh Tuathal leis agus nuair a bhí sé thairis bhí sé tuirseach go maith de. Ní raibh súil ná béal le feiceáil ann le clábar agus, i dtaca lena chuid bróg de, bhí siad go díreach mar a bheadh sé i ndiaidh lá mónadh a dhéanamh.

Shiúil sé leis agus é sásta go breá i ndiaidh an chuid ab aimhréidhe agus ab uaigní den chosán a chur thairis. Caidé a tí sé ag siúl roimhe ach beathach galánta fána shréin agus fána dhiallaid agus marcach sa diallaid! Scanraigh sé, nó bhí sé ag déanamh nach aon duine saolta a bhí ann an t-am sin d'oíche. Sheasaigh an beathach riamh go dtáinig Tuathal aníos a fhad leis.

"An tú Tuathal?" arsa an marcach leis.

"Is mé," arsa Tuathal.

"Gabh aníos anseo ar mo chúla go bhfága mé thiar sa bhaile thú," arsa an marcach.

Níor shíl Tuathal a dhath de. Suas leis nó bhí sé den bharúil nuair a labhair an marcach leis gur duine inteacht a raibh aithne aige air a bhí ann. Ach nuair a fuair an marcach thuas é thug sé na spoir don bheathach.

Shín an rása. Mhoithigh Tuathal an trup agus an tormán ina dhiaidh a raibh sonraíocht go lá dheireadh an domhain air. D'amharc sé thart agus caidé a tí sé ach tuairim ar dhá scór marcach, iad uilig ar chosa in airde agus na splancacha a bhí cruitheacha na mbeathach a bhaint as na carraigeacha, bhí siad ag tabhairt tréan solais do Thuathal. Bhí sé in arán chruaidh, an duine gránna, agus ní raibh a fhios aige caidé ab fhearr dó a dhéanamh. Thug sé iarraidh cupla uair léimint anuas ón bheathach ach bhí eagla air dá ndéanadh go mbrisfí a mhuineál, bhí an beathach ag gabháil chomh gasta sin. Agus ní raibh ní b'fhearr le déanamh aige ach a chroí a chur in áit chónaithe agus fanacht i gcuideachta na cuideachta go bhfeiceadh sé cá raibh a dtriall.

"An miste domh a fhiafraí díot cá bhfuil mur dtriall?" arsa Tuathal leis an mharcach.

"Tá," ar seisean, "táimid ag gabháil siar go Connachta ar

lorg ógmhná atá thiar ansin, agus ní dhéanfaimis maith gan
duine saolta a bheith linn.''

"Maith go leor," arsa Tuathal. "Dhéanfaidh mise mo
dhícheall daoibh. Má ní mo chuidiú maith ar bith daoibh,
gheobhaidh sibh é agus míle fáilte.''

"Táimid buíoch duit," arsa an marcach.

D'imigh siad ar ais ag tarraingt ar Chonnachta agus na
beathaigh ag gabháil mar a bheadh an ghaoth Mhárta ann.
Diabhal i bhfad a bhí siad go dtáinig siad go dtí an teach a
raibh an cailín ina cónaí ann. Teach mór fada fairsing ceann
tuí a bhí ann agus é scartha amach ó na tithe eile.

Bhí stópa uisce ghlain taobh amuigh den doras. D'iarr fear
de na fir ar Thuathal a ghabháil isteach agus deoch uisce a
iarraidh, agus mura bhfuigheadh sé deoch uisce, gan deoch
ar bith eile a ól. Nuair a fuair na cuilcigh eile Tuathal istigh,
anonn le fear acu a fhad le stópa an uisce agus dhoirt sé é.

Tháinig an cailín amach fá choinne deoch do Thuathal.
Nuair a d'amharc sí sa stópa ní raibh aon deor ann. Reath sí
síos chun an tobair fá choinne stópa uisce. Choinnigh na
cuilcigh eile a súil uirthi agus thug siad leofa í. Chuaigh fear
acu suas a fhad leis an teach. Thug sé comhartha do Thuathal
a bheith amuigh agus níor luaithe a thug ná a bhí léim an dorais
aige.

"Ní bhfuair mé deoch ar bith," ar seisean. "D'imigh an cailín
amach fá choinne an uisce, agus ní tháinig sí gur fhág mise
istigh.''

"Tá an cailín fuadaithe againne," arsa an diúlach eile, "agus
féadaimid a bheith buíoch duitse, nó ach ab é thú, dheamhan
a bhfaighimis dithi," ar seisean.

Suas leofa a fhad leis na beathaigh. Chuaigh achan fhear de
léim ina dhiallaid féin agus bhí an cailín ar a chúla le hóganach
a raibh éideadh glasbhán air.

Thug siad na sála do na beathaigh, agus shín an rása aniar
ag tarraingt ar an bhaile. Scoith an beathach a bhí le Tuathal
iad agus d'fhág sé síos siar iad. Nuair a mheas Tuathal go raibh
sé ag teacht de dheas do bhaile dúirt sé leis an mharcach go
raibh sé fada go leor.

"Anois," arsa an marcach, "tá sé beag go leor agamsa thú a fhágáil sa bhaile i ndiaidh an gar a rinne tú domh, nó ach ab é thú," ar seisean, "ní éireochadh linne an cailín sin a fháil."

Ní raibh gar do Thuathal a bheith leis. Ní phillfeadh an marcach dó agus bhí sé leis gur fhág sé ag tóin an tí é. Sin anois mar a tugadh as Tuathal na Gruaige, agus má tá bréag ann, bíodh.

XIV

Banríon an Uaignis

Bhí fear de na hiarlaí ina chónaí thíos ar an Charn Bhuí sa tseantsaol. Bhí caisleán mór agna mhuintir agus neart de mhaoin shaolta, ór is airgead acu. Ní raibh de chlainn acu ach é seo agus nuair a fuair siad bás d'fhág siad an t-iomlán aige. Fear cneasta múinte modhúil macánta a bhí ann nach gcuirfeadh chuig aon duine ná uaidh. Bhí sé uaigneach i gceart leis féin agus dar leis go dtabharfadh sé bean isteach a thógfadh cian de. Ní duine a bhí ann a d'éireochadh amach fríd an aos óg. Níor chleacht sé é ina óige agus ar an ábhar sin ní raibh aon chuid mhór eolais aige ar aos óg na háite. Mar sin féin, bhí aithne shúl aige ar chailíní na háite uilig; ach ní fhacthas dó a dhath díofa. Ní raibh aon bhean ann a dtiocfadh leis ceiliúr cleamhnais a chur uirthi.

Bhí tobar fíoruisce ag taobh an chaisleáin, agus deireadh na daoine aosta a bhí ina gcónaí thart fán áit go raibh cailín óg dóighiúil ina cónaí in uamhaigh fá ghiota den tobar agus go rabhthar á feiceáil go luath ar maidin agus go mall san oíche ag gabháil chun an tobair fá choinne uisce. Ar an ábhar sin, ní raibh aon duine ag déanamh úsáide den uisce. Is minic a bhí an buachaill óg seo ag éisteacht leis na seandaoine ag scéalaíocht fán chailín, ach má bhí féin ní thug sé isteach riamh dona gcuid cainte.

Tráthnóna amháin san earrach, bhí sé ag cur a chuid eallaigh chun an bhaile. Ba ghnách leis i gcónaí ligean daofa deoch a ól sa loch sula gcuireadh sé isteach iad. Bhí sé níos moille an tráthnóna seo ná ba ghnách leis agus nuair a bhí sé ag déanamh ar an chaisleán cé a tí sé ag fágáil an tobair ach an cailín, agus dar leis nach bhfaca sé aon chailín riamh eadar a dhá shúil a bhí chomh dóighiúil léithi. Reath sé ina diaidh agus fuair sé greim uirthi sula deachaigh sí a fhad leis an uamhaigh.

"An miste domh a fhiafraí díot," ar seisean, "cá hainm atá ort nó cá bhfuil tú i do chónaí?"

"Ní miste duit," ar sise. "Banríon an Uaignis is ainm domh, agus is é an Carn Buí m'áit chónaithe."

"Nach fearr duit féin agus domhsa a ghabháil i gcuideachta, agus tógfaidh achan duine againn cian den duine eile?" ar seisean.

"Níl cead agamsa aon fhear a phósadh choíche," ar sise.

"Cad chuige sin?" ar seisean.

"Tá, dá bpósfainn, ní bheadh cead ag mo chéile fear ná bean mhuinteartha a thabhairt chun an Chairn Bhuí a fhad agus a bheinnse ann," ar sise.

"Nach saoithiúil sin?" ar seisean.

"Is saoithiúil," ar sise, "ach níl neart air. Caithfidh mise a bheith i mo Bhanríon an Uaignis choíche. Agus nár dhoiligh d'fhear ar bith é féin a scaradh ón tsaol mhór mar mhaithe liomsa?" ar sise.

"Bhail," ar seisean, "má phósann tú mise, tá mé sásta cur suas leis an uaigneas."

"Pósfaidh mise cinnte thú," ar sise, "ach dearc ort féin a chéaduair, nó níl an t-aithreachas mall maith."

Lá arna mhárach pósadh an lánúin agus choinnigh an duine uasal a ghealltanas, nó ní thug sé cuireadh do dhuine ar bith chun an tí agus ní theachaigh sé féin ná a bhean amach ná isteach chuig aon duine, agus bhí siad mar sin ag caitheamh a saoil go sóúil gan aon duine acu ag tabhairt focal garbh ná salach don duine eile.

Bhí beirt chlainne acu — mac agus níon. Páistí iontach gnaíúla a bhí iontu. Bhí an mac cosúil lena athair agus bhí an níon cosúil lena máthair. Chuaigh na blianta thart agus ní raibh athrach ar bith ag teacht ar Bhanríon an Uaignis. Bhí sí ansin chomh deas agus chomh gnaíúil agus a bhí sí riamh. Ach mar sin féin bhí an duine uasal ag éirí tuirseach den dóigh a bhí air, agus ba mhaith leis a ghabháil amach fríd na daoine arís.

Bhí rásaí beathach le bheith ar an Tráigh Bháin agus bhí

capall rása ag an duine uasal, agus dar leis go rachadh sé. Dúirt sé lena bhean go raibh sé ag gabháil chuig na rásaí lena chapall.

"Maith go leor," ar sise, "ach má tá grá agat domhsa, tar ar ais leat féin."

"Tiocfaidh cinnte," ar seisean. "Ná bíodh lá eagla ort go dtugaim aon duine liom."

D'imigh sé féin agus an capall chuig na rásaí an lá arna mhárach, agus bhain an capall an chéad duais. Mhair na rásaí trí lá, agus bhain capall an fhir uasail achan lá de na trí laetha. Bhí bród mór ar an duine uasal as an chapall.

Chruinnigh na daoine thart a mholadh an chapaill agus a rá go mbeadh bród mór ar bhean an duine uasail nuair a chluinfeadh sí an scéala.

"Beidh cinnte," arsa fear dá raibh ansin, "má tá bean ar bith aige."

"Tá an bhean agam is deise in Éirinn," ar seisean.

"Ní chreidim thú," arsa fear acu. "Beidh sé de dhíobháil orainn í a fheiceáil sula gcreidimid thú."

Ghlac sé mothú feirge leofa, agus d'iarr orthu a bheith leis agus go dtaispeánfadh sé daofa í. Níor smaointigh sé riamh ar an ghealltanas. Thug sé na fir leis go dtína theach féin agus ansin chuaigh sé isteach go dtug sé amach a bhean agus a chuid páistí agus d'fhág ina seasamh ar bhruach na habhna iad. Chuaigh sé síos a fhad léithi ag brath an scéal a mhíniú daoithi ach bhí sé rómhall, nó sula raibh faill aige dhá fhocal a labhairt léithi chuaigh sí féin agus na páistí de léim sa tobar agus ní fhacthas aon duine acu ón lá sin go dtí an lá inniu.

hÓbair gur bhris croí an duine uasail le cumhaidh ina ndiaidh. Thoisigh na fir a dhéanamh truaighe dó, nó bhí a fhios acu gurbh iad féin ba chiontaí. D'éirigh an t-uisce a bhí sa tobar in airde, agus spréigh sé thart ar na cuibhrinn gur chumhdaigh sé an caisleán. Agus tá loch mhór ann in áit an chaisleáin ón lá sin go dtí an lá inniu — loch a dtugann siad Loch an Chairn Bhuí uirthi. Deir daoine nuair a thig lá soiléir gréine sa tsamhradh go bhfuil scáile an chaisleáin le feiceáil thíos san uisce agus trí eala bhána le feiceáil ag snámh anonn is anall trasna na locha.

Bhuail aithreachas an duine uasal agus chaith sé an chuid eile dena shaol go brónach ar an Charn Bhuí gan a ghabháil amach ná isteach chuig aon duine ach ag déanamh a ghnoithe dó féin.

XV

An Baollach agus an Dálach

Fear de Dhálach agus fear de Bhaollach a bhí ina gcónaí de
chóir Loch Éirne fada ó shin. Bhí neart airgid acu agus iad ina
suí go te, agus ní raibh a dhath ag cur bhuartha orthu ach oiread
le éanacha an aeir. Bhí beirt mhac agus níon ag achan fhear
acu, agus bhí níon an Bhaollaigh gortha ar an chailín ba
dóighiúla a bhí sa chondae.

Thoisigh cogadh go gearr roimhe sin amuigh sna tíortha cúil,
agus d'imigh an bheirt fhear óga agus d'fhág siad na
seandaoine, agus dheamhan stad a rinne siad go raibh siad
amuigh sa chogadh. Glacadh ansin leofa agus cuireadh i gceann
an ghunna iad chomh maith le achan saighdiúir. Ach sula raibh
siad seachtain ann b'fhearr leofa a bheith ar ais i dTír Chonaill,
ach ní bhfaigheadh siad cead imeacht aon uair amháin a
rachadh culaith an tsaighdiúra orthu.

Ach sular imigh an Dálach óg bhí sé tógtha le níon an
Bhaollaigh agus is iomaí tráthnóna breá a chaith sé féin agus
í féin fá na laftáin in aice na locha. Agus is iomaí uair a bhíodh
sé ag meabhrú ar na laetha seo agus ar mhaith leis a bheith
ar ais arís. Ach d'éirigh sé cleachtaithe leis an tsaighdiúireacht
i ndeireadh ama, agus ba chuma leis beo nó marbh é. Bhí sé
ag amharc ar dhaoine ansin — na céadtaí — ag fáil bháis achan
lá thart fá dtaobh de, agus b'fhéidir míle píosa á dhéanamh
de chuid acu sin. D'éirigh sé tuartha leis sa deireadh, agus ba
ghairid go dearn sé dearmad den bhaile agus de níon an
Bhaollaigh.

Sular imigh sé bhí na Sasanaigh fríd Éirinn agus iad ag
glacadh seilbhe ar cibé áiteacha maithe seascaire a bhí le fáil.
Ach caidé do bharúil nach dtáinig siad a fhad le Loch Éirne,
an áit a raibh an Dálach agus an Baollach ina gcónaí! D'ordaigh
siad amach iad agus chuaigh siadsan ina n-áit. Chuaigh fear

acu a chónaí in áit an Dálaigh. Bhí sé pósta agus ní raibh teaghlach ar bith aige. Chonaic sé níon an Bhaollaigh agus dar leis gur dhóighiúil an cailín í, agus gur dheas í a bheith fán teach aige féin.

Chuaigh sé a fhad leis an Bhaollach agus chuir sé ceist air ar leis-sean an cailín dóighiúil sin. Dúirt an Baollach gur leis.

"An ndíolfá liomsa í?" ar seisean.

Ní raibh a fhios ag an Bhaollach caidé ba chóir dó a rá. Bhí eagla air roimhe nó ní fhaca sé aon Sasanach riamh go dtí é agus dar leis anois, má dhiúltaím thú, muirbhfidh tú mé. Agus ar an taobh eile de, nach doiligh domh mo níon a thabhairt duit? Agus caidé atá agam le déanamh?

"Shílfeá nach bhfuil tú ag brath a tabhairt domh," arsa an Sasanach. "Mura dtuga," ar seisean, "beidh daor ort."

"Ar ndóigh, níor dhúirt mise nach dtabharfainn," arsa an Baollach. "Díolfaidh mé leat í," ar seisean fríd a fhiacla, "ar acht gan tú drochíde ar bith a thabhairt daoithi ná tú lámh chruaidh a choinneáil léithi."

"Bhail, ná bíodh lá eagla ort go gcoinnímse lámh chruaidh léithi ná go mbím trom ar dhóigh ar bith uirthi," arsa an Sasanach. "Tógfaidh mise í sin aníos," ar seisean, "agus sílfidh mé a oiread dithi agus dá mba í mo níon féin í. Cá mhéad a bheidh tú a iarraidh uirthi?"

"Níl a fhios agam," arsa an Baollach, "cá mhéad a ghlacfaidh mé uirthi, nó níl eolas ar bith agam ar a leathbhreac sin, agus dá bhfuighinn ar mo dhóigh féin é," ar seisean, "ní thabharfainn uaim ar a bhfaca mé riamh í."

"Bhéarfaidh mé céad punta duit uirthi," arsa an Sasanach.

"Seo, bhail," arsa an Baollach agus glór an chaointe ina cheann, "creidim go gcaithfidh mé glacadh leis sin."

Thug an Sasanach na céad punta dó uirthi. Chroith sé lámh lena níon agus chuaigh sise a chaoineadh agus thug an t-athair agus an níon dhá chúl a gcinn dá chéile agus croí na beirte á bhriseadh san am chéanna.

Johnson ab ainm don tSasanach, agus chuaigh níon an Bhaollaigh leis in éadan a tola. Ba eisean a ghlac seilbh ar theach an Dálaigh, agus ní thearn sin an chúis a dhath ní b'fhearr, nó bhí a fhios ag an chailín gurbh é seo an teach ar tógadh an Dálach ann a raibh sí mór leis fada ó shin. Agus bhí sí ag déanamh anois nach bhfeicfeadh sí choíche níos mó é.

Thóg Johnson aníos í agus ní raibh sé ina dhroch-cheann daoithi ar dhóigh ná ar dhóigh eile. Bhí an chéad dóigh uirthi gan a dhath aici le déanamh ach ag siúl thart, agus nuair a bhíodh ocras uirthi suí agus a sáith a ithe. Nuair nach mbíodh Johnson é féin ar shiúl áit ar bith, bhíodh sé ag comhrá léithi, agus nuair a théadh sé amach a ghlacadh an aeir bheireadh sé leis í. Bhí a fhios aici féin go raibh dóigh mhaith uirthi, ach mar sin féin ní raibh sí sásta ina hintinn. Bhíodh sí i gcónaí ag smaointiú ar an Dálach óg agus ar a hathair agus ar an am bhreá a bhí acu nuair a bhí siad uilig cruinn i gcuideachta agus gan mórán ag cur bhuartha orthu. Dá mbíodh a fhios aici cá raibh sé, ar ndóigh thógfadh sé cian dithi litir a chur chuig an Dálach óg agus a inse dó caidé mar a bhí. B'fhéidir go dtiocfadh seisean lena tabhairt ar shiúl ón tSasanach ar dhóigh inteacht. Ach caidé an mhaith a bhí daoithi a bheith ag smaointiú air seo nuair nach raibh a fhios aici cá raibh sé? Ní raibh leigheas le déanamh air ach aon leigheas amháin — dearmad a dhéanamh de, agus ba dhoiligh sin a dhéanamh. Mar a dúirt an t-amhrán:

> *Nuair a théid an grá sa chroí,*
> *Ní scartar as é go brách.*

Bhí cuid mhór leabharthach ag Johnson seo. Chonaic sé go raibh an cailín ag titim i ndroim dubhach. Ghlac sé truaigh daoithi. Chuir sé ceist lá amháin uirthi an raibh sí ábalta leabharthaí a léamh. Dúirt sise go raibh.

Thug sé síos í go dtí prios mór a bhí ann. Bhainfeadh an prios céanna an t-amharc as an tsúil agat bhí sé chomh deas sin. Agus bhí sé líonta de achan chineál leabharthach.

"Anois," ar seisean, "ná spáráil leabhar ar bith dá bhfuil istigh ansin. Ceann ar bith a dtabharfaidh tú taitneamh daoithi léigh í, agus is fearr duit sin i bhfad ná a bheith ag gabháil thart agus gan a dhath le déanamh agat. Tógfaidh siad cian díot, agus beidh tú i bhfad níos fearr leis," ar seisean.

Rinne sí seo. Léigh sí dornán de na leabharthaí agus bhí sí
ag cur thart an ama i gceart ar an dóigh sin. Ina dhiaidh sin
ní thiocfadh léithi dearmad a dhéanamh den Dálach óg.
Thiocfadh sé i gcónaí ina ceann am inteacht fríd an lá.

D'imigh an dá sheanduine nuair a chuir na Sasanaigh ar shiúl
iad, agus ní raibh a fhios acu caidé a dhéanfadh siad ná cá háit
a dtabharfadh siad a n-aghaidh. Níor mhaith leofa na
seanfhóide a fhágáil a fhad agus a thiocfadh leofa. Chuaigh
siad chun na coilleadh agus bhain siad dornán adhmaid. Chuir
siad suas bothóg le taobh binne a bhí ann agus chuaigh siad
a chónaí ann. Bhí siad beo bocht ansin, gan iad ábalta a
ghabháil amach sa lá ar chor ar bith, le heagla roimh na
Sasanaigh. Bhí siad ansin, an Baollach agus an Dálach, agus
a bhean agus a níon agus ní raibh a dhath acu le hithe ach cibé
tarrtháil a bhaineadh siad as coiníní agus as cineálacha mar
sin. Chaith siad na blianta ar an dóigh sin agus bhí sé
ainchleachtaithe go maith acu. Daoine a tógadh go te ar an
chuid ab fhearr den bhia agus i dtithe galánta cónaí a dhéanamh
i mbothóig agus a bheith beo ar choiníní agus ar bheithígh
fhiáine a mharbhadh siad! Ach mar sin féin, d'éirigh siad
cleachtaithe leis sa deireadh agus chóir a bheith nach n-iarrfadh
siad a athrach.

Ach cibé ríocht a raibh an Dálach óg agus an Baollach óg
ag troid daoithi, thug sí isteach agus rinneadh socrú. Tháinig
an bheirt slán as an troid gan cleite a bhaint astu; ach bhí siad
chomh bocht an lá a stad siad agus a bhí siad an lá a thoisigh
siad. Níor mhaith leofa tiontó thart agus a ghabháil a dh'obair,
agus dar leofa go dtabharfadh siad a n-aghaidh ar na seanfhóide
go bhfeicfeadh siad caidé mar a bhí an mhuintir a d'fhág siad
ina ndiaidh. Tháinig siad chun an bhaile go dtí an áit ar tógadh
iad, agus gunna le achan fhear acu. Níor aithin duine ar bith
iad, agus níor aithin siadsan duine ar bith. Dar leofa go dtáinig
athrach mór ar an áit. Chuaigh siad a fhad leis an áit ar tógadh
iad agus fuair siad amach gur Sasanaigh uilig a bhí ann, agus
bhí siad ag brath cúl a gcinn a thabhairt leis an bhaile arís.
Ach d'fhan siad tamall eile.

Lá amháin chuaigh an Dálach amach suas fán áit ar tógadh

é agus a ghunna ar a ghualainn leis. Bhí coillidh mhór ann agus chonaic sé beathach mór ceangailte do chrann a bhí ann, agus chonacthas dó gur leon a bhí ann.

Chonaic Johnson an strainséir ag gabháil thart leis an teach agus gunna ar a ghualainn leis. Dar leis féin, níl a fhios agam cén boc é sin. Caithfidh sé gur fear inteacht atá ag gabháil a thógáil troda orainn atá ann, agus is fearr domh a ghabháil ina dhiaidh go bhfeice mé cé hé féin. D'iarr sé ar níon an Bhaollaigh a bheith leis agus bhí.

Nuair a bhí an Dálach óg ag gabháil thart leis an choillidh luigh sé isteach in éadan an chlaí a dhéanamh iontais den leon.

Bhí na sluaite daoine aníos agus síos ann. Sasanaigh uilig a bhí iontu agus iad ag déanamh iontais den strainséir a raibh an gunna leis. Ach cibé ceangal a bhí ar an leon bhris sé. Scanraigh siad uilig roimhe agus thoisigh siad a theitheadh. Tháinig Johnson agus níon an Bhaollaigh chun tosaigh, agus nuair a bhí siad ag gabháil thart leis an áit a raibh an leon istigh, thug sé iarraidh amach thaire an bhalla orthu. Chonaic an Dálach óg é. Ní thearn sé ach reathaidh suas, urchar a scaoileadh leis agus an leon a chaitheamh. Mánas Ó Dónaill ab ainm don Dálach.

"Bhail," arsa níon an Bhaollaigh le Mánas, "cibé thú féin, bulaí fir atá ionat. Bhí fir go leor anseo," ar sise, "agus is é rud a bhí siad ag teitheadh as an chosán in áit iarraidh a thabhairt air. Agus bheinnse ite aige," ar sise, "murab é thusa, agus ba mhaith liom aithne a fháil ort, nó tá a fhios agam go bhfuil croí maith agat agus fuil uasal ionat."

"Bhail, a chailín chóir," ar seisean, "ní maith liom m'ainm a inse duit. Tá mise i mo strainséir san áit seo, agus ní dhéanfadh sé gnoithe domh. Níl mé i bhfad uilig anseo," ar seisean, "agus ní rún domh a bheith. Títhear domh go dtáinig athrach mór ar an áit ó bhí mise roimhe ann."

Dar le Johnson, tá tú féin agus í féin ag éirí rómhór le chéile, agus is fearr dúinn imeacht. Ach sular imigh sí, d'iarr sí ar an strainséir gan imeacht as an áit go bhfeiceadh sise arís é. Dúirt seisean nach n-imeochadh.

Má d'imigh níon an Bhaollaigh féin, ba in éadan a tola a

d'imigh sí nó thit sí i ngrá leis an strainséir sa bhomaite a bhfaca
sí é agus ba chuma léithi ach a bheith ag comhrá leis. Agus
bhí an strainséir mar an gcéanna léithi. Níor aithin aon duine
acu an duine eile, i ndiaidh achan tráthnóna breá dár chaith
siad i gcuideachta fá bhruach Loch Éirne.

D'imigh Mánas Ó Dónaill a fhad leis an Bhaollach agus d'inis
sé dó caidé a dtáinig sé fríd ó d'imigh sé — go bhfaca sé leon
ceangailte do chrann, gur bhris an ceangal agus gurbh éigean
dósan an leon a chaitheamh. "Agus ba é Dia a bhí liom a bheith
ar mo bhonnaí," ar seisean, "nó d'íosfadh an leon cailín óg
a bhí ann — an cailín is deise a chonaic mé riamh."

Thóg sé leis an Baollach agus chuaigh an bheirt isteach a
dh'ól. Ní raibh teach tábhairne ar bith san áit ach teach a bhí
Johnson a choinneáil fá choinne braon a thabhairt do na
hoibríonnaí a bhí aige. Isteach leis an Bhaollach agus leis an
Dálach agus níor cuireadh comhartha confaidh ar bith suas
rompu. Bhí fáilte mhór rompu, ach má bhí féin, ní fáilte
charadach a bhí inti. Fuair siad neart le hól — i bhfad níos
mó ná a bhí siad ábalta a iompar — agus thit siad thart. Tugadh
suas chun na cisteanadh iad agus fágadh sínte ag taobh na
tineadh iad. Tháinig scaifte de na Sasanaigh isteach a dh'ól
fosta. hInseadh daofa go raibh an bheirt strainséirí ina luí
caochólta sa chisteanaigh. Chuaigh siad suas, agus bhí siad ag
rá eatarthu féin caidé ba chóir a dhéanamh leofa. D'imigh siad
agus ní dea-rud ar bith a bhí siad ag gabháil a dhéanamh. Bhí
an tseanbhean ag éisteacht leis an iomlán agus nuair a d'imigh
siad d'iarr sí ar na strainséirí a bheith ar shiúl má bhí siad ag
brath a muineál a shábháil.

Fuair siad iad féin a chroitheadh suas agus d'imigh siad
chomh tiubh géar agus a tháinig leofa. Níorbh fhada a bhí siad
ar shiúl go deachaigh na Sasanaigh ina ndiaidh. Casadh abhainn
daofa. Ní raibh snámh ar bith ag an Bhaollach agus ní raibh
sé ábalta a ghabháil trasna, agus b'éigean dó a ghabháil suas
de chois na habhna. Ní raibh maith leofa an Dálach a leanstan
amach agus siúd i ndiaidh an Bhaollaigh iad. Fuarthas greim
ar an duine ghránna agus cuireadh chun an phríosúin é.

Shnámh an Dálach ón charraig go dtí an taobh eile agus caidé do bharúil a bhí istigh ag bruach na habhna ach uamhach! Isteach leis. Bhí tine bhreá adhmaid ag dóghadh ar theallach a bhí san uamhaigh, agus mar bhí an Dálach fliuch báite, luigh sé suas de chois na tineadh. Ba chuma leis cé acu a bhéarfaí air nó nach mbéarfaí. Bhí sé tuirseach den dóigh a bhí air ar scor ar bith, agus ba chuma leis caidé a d'éireochadh dó.

Thug sé fá dear seomra eile siar uaidh a raibh daoine ina gcodladh ann, ach níor chuir sé chucu ná uathu. Thit sé thart agus chodail sé a sháith go maidin. Lánúin óg a bhí ina luí sa tseomra agus nuair a d'éirigh siad ar maidin fuair siad an strainséir seo ina luí thuas de chois na tineadh agus achan srann aige, agus gunna ina luí lena thaobh. Scanraigh siad agus bhí siad ag brath imeacht.

"Ó," arsa an bhean, "dá mbeadh dúil aige dochar ar bith a dhéanamh dúinn, mhuirbhfeadh sé sinn ó tháinig an oíche."

Chuaigh siad a fhad leis, chroith an bhean suas é agus mhuscail siad é. Shuigh sé aniar agus d'amharc sé thart fá dtaobh de. Chonacthas daofa, má bhí gunna féin leis, go raibh cuma shoineanta air agus nach raibh urchóid ar bith ann. Chuir siad ceist air caidé a tháinig air nuair a bhí an t-éadach chomh fliuch agus a bhí sé.

Dúirt sé gur leanadh aréir é agus go deachaigh sé san abhainn, agus ach ab é go raibh snámh aige go mbáithfí é. Dúirt sé gur seo an chéad fháras a casadh air agus go dtáinig sé isteach agus gur bhain sé faoi go maidin ann.

"Níl a dhath againne i d'éadan," ar sise, "nó má tá gunna féin ar iompar leat, níl cuma ort go bhfuil dochar ar bith ionat."

"Muise, níl," ar seisean, "a dhath amháin. Is é an séala a bhfuil an gunna sin ar iompar liom fá choinne mé féin a chosnamh. Agus ní bheadh sé agam ar chor ar bith," ar seisean, "ach ab é go raibh mé sa chogadh agus nuair a bhí mé ag imeacht thug mé liom é."

"Tá do chuid éadaigh fliuch báite," arsa an bhean.

"Muise, tá," ar seisean, "ach caidé an neart atá air? Níl aon snáithe eile agam le cur orm. Ach nach cuma? Tá mé breá cleachtaithe leis," ar seisean, "agus triomóchaidh mé leis an tinidh iad."

"Bhéarfaidh mise seanscriosán eile duit, agus thig leat iad a chur ort go dtí go dtriomóchaidh do chuid féin," ar sise.

"Bhail, tá mé buíoch duit," ar seisean.

Chuir sé air an t-éadach a thug sise dó agus thriomaigh sé a chuid éadaigh féin. Rinneadh réidh tráth maith bidh dó agus nuair a bhí sé ite aige thug sé buíochas mór don bhean.

"Bhail," ar seisean, "caithfidh mé a rá gur tú an bhean is fearr a casadh orm riamh. An miste domh a fhiafraí díot cá hainm thú?"

"Gráinne Ní Dhónaill m'ainm," ar sise.

Bhí sí óg nuair a d'imigh seisean chun an chogaidh agus ní raibh cuimhne aici air. D'amharc sé go géar uirthi.

"Charbh fhéidir," ar seisean, "gur tú mo dheirfiúr?"

"Cinnte," ar sise, "chan tusa Mánas, an fear a d'imigh uainn fada ó shin chun an chogaidh? Is minic a chuala mé m'athair ag caint air," ar sise.

"Is mé an fear céanna," ar seisean.

"Shíl muid gurbh fhada an lá marbh thú agus nach bhfeicfimis aon amharc choíche ort," ar sise.

"Castar na daoine ar a chéile, ach ní chastar na cnoic ná na sléibhte," ar seisean. "Is beag a shíl mé féin go bhfeicfinn thusa choíche."

"Cá bhfuil an Baollach a bhí leat, nó ar caitheadh é?" ar sise.

"Níor caitheadh," ar seisean. "Tá sé liom. Lean na Sasanaigh aréir muid. Tháinig muid a fhad leis an abhainn seo. Bhí snámh agamsa, agus ní raibh ag an Bhaollach. Chuaigh mise de léim amach san abhainn agus ní theachaigh seisean, agus tá mé ag déanamh go bhfuarthas greim air. Caithfidh mé a ghabháil ar a thásc inniu go bhfeicfidh mé caidé a d'éirigh dó."

"Nach millteanach an t-athrach a tháinig ar an áit seo ó d'imigh tú?" ar sise.

"Tháinig go díreach," ar seisean. "Cá bhfuil m'athair, nó an bhfuil sé beo?"

"Tá sé beo ar fad," ar sise, "agus é go breabhsánta. Tá sé ina chónaí thíos ansin i mbothóig de chois na trá."

"Caidé mar atá sé beo?" ar seisean.

"Muidinne a bíos ag tabhairt corrtharrtháil dó," ar sise.

"Nímid coiníní agus cineálacha beaga mar sin a sheiftiú dó."

"Dheamhan i bhfad go gcuire mise athrach ar an áit seo," ar seisean. "Tá naoi gcéad fear liostáilte cheana féin agam, agus ní fhuígfidh mé teach Albanaigh ná teach Sasanaigh san áit nach mbruithfidh mé."

Bhí an Domhnach an lá arna mhárach ann, agus chuaigh an Dálach óg agus a dheirfiúr síos a fhad leis an athair. Níor aithin an t-athair é. Nuair a chonaic sise nach raibh dul aige é a aithne d'inis sí dó gurbh é Mánas a bhí ann. Bhí an dúlúcháir air roimhe. Rinne siad comhrá mór fada fá dtaobh de achan rud. As lár an chomhráidh cé a sciurd isteach ach triúr sagart! Dúirt fear acu go raibh an Baollach le crochadh ar a deich a chlog Dé Luain. Bhí Mánas i gcruachás ansin. Níor mhaith leis a chomrádaí maith a chailleadh.

"Bhail," ar seisean leis na sagairt, "séanaigí shibhse mur gcreideamh má ligeann sibh a chrochadh."

"Bhail," arsa fear acu leis, "bí thuas ar a cúig a chlog, agus beidh mise ansin chomh luath leat."

"Maith go leor," arsa Mánas. "Rachaidh mise suas."

Nuair a bhí sé ag druidim leis an am, suas le Mánas, agus bhí an sagart ansin chomh luath leis. D'iarr sé ar Mhánas a ghabháil suas agus doras a bhí ann a fhoscladh. Chuaigh Mánas suas. Bhí na saighdiúirí ina gcodladh, agus fuair an Baollach cead a chinn.

Nuair a fuair an Baollach a cheann leis bhí lúcháir air, ar ndóigh; ach bhí a sháith feirge air cionn is iad príosúnach a dhéanamh de. Ní thearn sé féin agus Mánas ach a gcuid fear a chruinniú agus toiseacht a bhruith na dtitheach.

Bhí go maith go dtí go dtáinig siad a fhad le teach Johnson. Níor mhaith le Mánas an teach a dhóghadh agus an cailín gnaíúil udaí istigh ann a shábháil sé ar an leon tamall roimhe sin. Chuaigh sé isteach agus cé a casadh air sa doras ach í! D'iarr sé uirthi a theacht amach, go raibh gnoithe aige léithi. Tháinig.

"Anois," ar seisean, "tá mise ag gabháil a dhóghadh an tí seo. Bhí a fhios agam gur seo an áit a raibh tú i do chónaí, agus níor mhaith liom a dhóghadh go dtugainn scéala duit."

"Tá mé iontach buíoch duit," ar sise.

Leis sin tháinig ceathrar saighdiúirí thart. Bheir siad ar Mhánas agus chaith siad isteach chun an phríosúin é. Chuaigh beirt ar achan taobh de á ghardáil. Bhí Mánas bocht gaibhte ansin agus drochbhail air.

Bhí a fhios ag níon an Bhaollaigh go raibh sé sa phríosún, nó ní raibh a dhath i gan fhios daoithi. Dar léithi, ní bheidh an buachaill sin istigh sa phríosún má thig liomsa a dhath a dhéanamh dó.

D'éirigh sí i lár na hoíche; thug sí léithi ceithre bhuidéal uisce bheatha, agus chuir sí deora codlata de chineál inteacht iontu. Bhí sí ag déanamh a hathair i gcónaí de Johnson. Chuaigh sí a fhad leis na saighdiúirí a bhí ar garda.

"Tá sibh conáilte i mur seasamh ansin," ar sise. "Ar thairg m'athair deoch ar bith daoibh?"

"Diabhal é," ar siadsan. "Chan fhuil aon deor leat?"

"Tá," ar sise, "neart biotáilte liom. Ólaigí é, agus téifidh sé sibh."

D'ól na saighdiúirí an bhiotáilte agus chuaigh sise chun an bhaile agus chuaigh sí a luí. D'éirigh sí ar ais agus chuaigh sí a fhad leis an phríosún agus bhí na saighdiúirí ina luí ansin gan mhothú. D'fhoscail sí an doras do Mhánas agus lig sí amach é.

"Muise," arsa Mánas, "an tú atá ann?"

"Is mé," ar sise.

"Nach breá a smaointigh tú orm?" ar seisean.

"Cad chuige nach smaointeochainn?" ar sise. "Nár shábháil tusa mise uair amháin i mo shaol, agus cad chuige nach ndéanfainn do ghar nuair a tháinig sé i mo chosán? Agus tá sé chomh maith agam an fhírinne a inse duit," ar sise. "Tá mé i ngrá leat, agus ba mhaith liom imeacht leat amach as an áit seo ar fad, nó níl dúil ar bith agam ann. Bhí dóigh bhreá orm anseo fada ó shin nuair a bhí m'athair agus mo mháthair ann," ar sise, "ach tháinig na Sasanaigh ansin orainn agus cuireadh amach as na tithe muid, agus thug Johnson, an t-oifigeach a bhí orthu, toil domhsa, agus b'éigean do m'athair mé a dhíol leis. Tá mé anseo ó shin agus tá mo shaol gearrtha."

"Cinnte," ar seisean, "chan tú Róise Ní Bhaoill a raibh aithne agamsa uirthi fada ó shin?"

"Is mé," ar sise, "an bhean chéanna. Nach breá atá aithne agat orm?"

"Cad chuige nach mbeadh," ar seisean, "i ndiaidh gach tráthnóna breá ar chaith mé féin agus tú féin fá na laftáin sin thíos?"

"Charbh fhéidir," ar sise, "gur tú Mánas Ó Dónaill?"

"Is mé, cinnte," ar seisean.

Chroith sí lámh leis, agus chaoin sí ar mhéad agus a bhí de lúcháir uirthi é a fheiceáil arís.

"Is iomaí uair ó d'imigh tú a smaointigh mé ort," ar sise; "ach is fada an lá ó bhain mé deireadh dúile de d'fheiceáil choíche."

"Shíl mé féin an rud céanna," ar seisean. "Peata cleasach an saol."

"Peata cleasach, go díreach," ar sise.

Thug sé leis í ar feadh chupla lá. Ansin chuaigh sé a fhad le Johnson. D'inis sé dó caidé mar a bhí, agus rinne sé féin agus é féin socrú. Phós sé níon an Bhaollaigh. Chuaigh sé i gceann an tsaoil, agus rinne sé cónaí i dteach a athara, an áit ar rugadh agus ar tógadh é. Fuair an Baollach bean fosta, agus rinne an bheirt cónaí ar na seanfhóide.

Is iomaí athrach a thig ar an tsaol fosta ach cibé duine atá i ndán duit, gheobhaidh tú é, is cuma caidé a thiocfas.

XVI

Goll mac Morna

Na seandaoine a bhí ann nuair a bhí mise ag éirí aníos, bhí
cuid mhór scéalta acu fá na Fianna. Bhí cuid acu agus
mhairfeadh siad fada go leor ag inse fá Fhionn agus fá Oisín
agus fá Oscar agus fán chonairt ghalánta a bhíodh leofa nuair
a théadh siad amach a sheilg. Agus gan bhréag ar bith bhí
scéalta breátha acu. Ach cibé ba chiall domh féin, níor thóg
mé aon cheann acu sa dóigh a mbeinn ábalta a inse i gceart.
Is é rud ab fhearr liom riamh na scéalta a chluininn fá dhaoine
a raibh aithne agam orthu. Ina dhiaidh sin bhí duine amháin
de na Fianna ann agus thug mé toil ar leith dó. Má bhí an chuid
eile ina bhfir mhaithe, bhí seisean thaire bheith maith. Goll
mac Morna atá mé a mhaíomh. An dream ar díofa é, tá mé
ag déanamh nach raibh siad riamh rógheal do mhuintir Fhinn
mhic Cumhaill — sin an fear a bhí ina cheannfort ar na Fianna,
tá a fhios agat. Ach mura raibh féin, bhíodh an dá dhream i
gcuideachta a chéile go minic agus chan aon uair amháin ná
dhá uair a throid siad d'aon leith.

Bhí urradh as miosúr i nGoll seo. Ba mhillteanach an buille
a bhuail sé ar fhear as uachtar na hÉireann a dtugadh siad
Lughaidh air. Chuala mé sin á inse go minic; ach chan scéal
a bhí ann ach laoi. "Laoi an Doirn" a bheireadh siad uirthi.
Is é rud a bhí scaifte mór de na Fianna cruinn ag féasta aon
uair amháin. D'ól siad agus cheol siad agus nuair a chuaigh
an bhiotáilte ina gceann thoisigh Lughaidh a dhéanamh mórtais
as muintir an taobh ó dheas. É ag maíomh nach raibh an
mhuintir abhus inchurtha leofa ar dhóigh ná ar dhóigh eile.
Dúirt sé féin gur bhain sé an chloigeann d'fhear chomh maith
agus a bhí sa taobh ó thuaidh riamh, mar a bhí, Art mac Coinn.
Dar diabhal, char lig Goll leis é!

"B'fhurast duit é," ar seisean, "agus go raibh Art bocht

102

marbh san am ar bhain tú an chloigeann de. Dar an leabhra, dá mbíodh sé beo níorbh eagal duitse a ghabháil fá fhad claímh de.''

Dar fia! Bhain sin a mhíthapa as Lughaidh agus bhuail sé smitín sa mhalaidh ar Gholl. Ba mhaith an mhaise do Gholl é, tharraing sé dorn ar Lughaidh, agus dorn ar dóigh a bhí ann. Is é rud a bhí ráite sa laoi:

> *Gur bhris naoi bhfiacail ina cheann*
> *Agus naoi n-easna go hainteann.*

Agus chan sin an t-iomlán. Ní cuimhin liom anois caidé an dóigh a raibh sé sa laoi, ach tá a fhios agam go dearn Goll gillire de Lughaidh chóir. D'éirigh an maicín ansin agus ní raibh ann ach gach

> *Buille agus béim sa dáil*
> *Agus fead chlaímh le cruachnámh.*

Agus féadann tú a bheith cinnte nach ag Goll a bhí an chuid ba mheasa de.

Is iomaí gábh a raibh sé ann mar Gholl, agus cé gur shaoithiúil leat é, hóbair go dtabharfadh seanchailleach a sháith dó aon uair amháin. Is é rud a bhí cúirt ann nach nochtadh ach i gceann achan seachtú bliain agus bhí eagla go leor ar na Fianna roimh an dream a bhí ina gcónaí sa chúirt. Chuaigh Goll amach i dtrátha an mheán oíche go bhfeiceadh sé caidé a bhí ar cois acu. Chuaigh sé suas go fáilí go doras na cúirte agus d'amharc isteach. Bhí fathach mór ann a raibh cúig cheann air agus bhí sé féin agus an chailleach ina suí ag déanamh a suipéara. Bhí coinnleoir ar an tábla a raibh súil nimhe air agus siúd isteach Goll de rúchladh gur bheir sé ar an choinnleoir.

''Fág sin i do dhiaidh,'' arsa an fathach.

''Fuígfidh — nuair a bheas mé réidh leatsa,'' arsa Goll.

Agus thóg sé in airde an coinnleoir agus steall na cúig cloigne den fhathach le aon bhuille amháin.

''Beidh daor ort!'' arsa an chailleach, agus leis sin féin bheir sí greim sceadamáin ar Gholl agus bhuail thuas ar an fharadh é.

"Muise, tá dona go leor," arsa Goll, "má tá mise ag gabháil a thitim le seanchailleach mná i ndiaidh gach gaisciúlacht bhreá dá dearn mé riamh ó tháinig ann domh."

Thug sé léim anuas, bheir ar an chailligh agus shéid an teangmháil. Tiubh go leor aige a bhí an chailleach agus níl a fhios nach bhfaigheadh sí a bhuaidh murab é gur shleamhain a cos ar an urlár, an áit a raibh léar fola a tháinig as an bholóig a d'ith sí féin agus an fathach lena suipéar. Thug sin áiméar do Gholl, agus ní raibh i bhfad go dtug sé an íde chéanna don chailligh a thug sé do dhiúlach na gcúig ceann.

Fionn agus a bhunadh, ba iad a mharbh Goll bocht sa deireadh. Bhí an seanfhaltanas eadar an dá dhream ar fad, agus bhris cogadh amach eatarthu. Ní raibh muintir Ghoill uilig cruinn mar ba cheart nuair a thoisigh an cogadh, agus fuair Fionn a mbuaidh. B'éigean do Gholl teitheadh; ach má b'éigean féin, mharbh sé achan scór den mhuintir a bhí sa tóir air. Thug sé léim amach ar charraig mhara atá thoir ag tóin Ros Goill. Bhí an duine gránna i gcruachás. Dá dtigeadh sé isteach ón charraig, dhéanfaí bia míoltóg de, nó bhí an slua síoraí ann den námhaid agus bhí siad ar shon gnoithe, ba chuma caidé an méid acu a bheadh thíos leis. Os a choinne sin, ní bheadh sé anfhada uilig ar an charraig go dtí go bhfaigheadh sé bás ón ocras agus ón tart — agus an tart an rud ba mheasa. Tháinig a bhean a dh'amharc ar an duine bhocht agus ní raibh iontas ar bith daoithi ansin, nó bhí sé ina cheann mhaith daoithi riamh. Ba níon d'Fhionn ise, agus casadh ar Fhionn í nuair a bhí sí ag tarraingt ar Gholl. Dúirt sé go raibh a fhios aige cá háit a raibh sí ag gabháil, agus dúirt sé léithi a rá le Goll a sháith de na coirp a ithe — ba iad sin an mhuintir a bhí marbh ag Goll, tá a fhios agat. Shnámh an bhean amach chuige.

"Fáilte romhat," arsa Goll. "An bhfuil scéala ar bith leat chugam?"

"Tá," ar sise. "D'iarr m'athair ort do sháith de na coirp a ithe — nár mhaith leis do bhás go fóill."

"Mo bheannacht duitse agus mo mhallacht d'oide do mhúinte," ar seisean. "Comhairle mná ón taobh ó dheas, ní thearn mé riamh agus ní dhéanfad."

B'éigean dó go raibh pianpháis as miosúr air agus é san áit nach raibh aon ghreim bidh le fáil aige agus gan aon deor ar bith le hól ach an sáile goirt. Ba é an rud a dúirt sé féin:

Deich lá fhichead beo gan bhia,
Tearc neach 'bhí romham riamh,
Ag ól an tsáile sheirbh ruaidh,
Ag ithe fraochóige fliche fuaire.

Má tá, ní ligfeadh an eagla don námhaid a ghabháil amach chun na carraige chuige, agus is é rud a rinne fear acu préachán de féin. (Bhí draíocht acu, tá a fhios agat.) Chuaigh sé in airde sa spéir agus tháinig anuas os cionn Ghoill. Tharraing sé a chlaíomh agus scoilt an chloigeann aige.

"'Bhfuil tú inleighis, a Ghoill?'' ar seisean.

"Mura bhfuil féin, ní bheidh tusa inscéalaíochta,'' arsa Goll, agus chuir sé a chlaíomh fríd a chroí ag an fhear a bhí os a chionn. Thit siad araon marbh ar an charraig.

XVII

An Gobán Saor

Fear eile a bhí ann sa tseantsaol an Gobán Saor. Ní raibh a dhath ar bith ceilte air dá raibh ag baint le saoirsineacht. Ach ab é go raibh sé ina láimh mhaith ag an obair, ní bhfaigheadh sé an t-ainm. Chruthaigh sé féin go raibh, nó ní raibh aon áit sna trí hoileáin nach gcuirthí scéala fána choinne. Is annamh uair a bhíodh sé ag obair ag na bochta. Ní raibh neart aige air, nó bhíodh sé bunús an ama ag déanamh caisleáin agus tithe galánta d'uaisle agus do dhaoine arda i gcéim. Ní raibh ina chónaí aige ach é féin agus d'fhág sin ar bheagán costais é de thairbhe biatachais. Bhí na múrthaí airgid aige, agus nuair a mheas sé go raibh sé ina sháith den tsaol phós sé. Chaith siad saol breá ar feadh bliana nó go raibh mac óg ann. Ansin fuair an bhean bás agus d'fhág sí eisean ina bhaintreach agus an naíonán ina dhílleachtaí. Sin an uair a bhí sé ina thruaigh — an naíonán ar a láimh agus obair ag éirí thuas air! Ní raibh ní b'fhearr le déanamh aige ach é a chur ar oiliúint ar feadh chupla bliain.

Nuair a bhí an gasúr tógtha agus é cruaidh go leor le fuacht na haimsire a sheasamh thug sé leis é. Bhí sé ag déanamh go raibh ceird mhaith ar a láimh aige féin, agus dá gcuireadh sé an cheird chéanna roimh an mhac, nach mbeadh lá anáis air a fhad is a bheadh sé beo.

Rinne sé amhlaidh. Bhíodh an gasúr leis achan áit a mbíodh sé ag obair. Fliuch fuar an lá, chaithfeadh sé an obair a sheasamh chomh maith leis an athair. Ansin chuaigh sé féin i gceann na hoibre, agus bhí ag éirí leis an bheirt acu i gceart.

Is doiligh saoi a fháil gan locht. Má bhí airgead féin acu agus teach breá seascair le cónaí a dhéanamh ann, ní raibh siad sásta. Bhí a gcuid le déanamh réidh acu, a gcuid éadaigh le ní agus fiche rud eile a bíos le déanamh leis an teach a choinneáil glan ordúil. Bhí an mac míshásta i gceart ina intinn, agus b'fhurast sin a aithne air. Ní raibh an t-athair chomh holc sin; bhí sé ag gabháil anonn in aois, agus bhí a fhios aige nach mbeadh sé saolach.

Ar scor ar bith, d'fhás an gasúr aníos go raibh sé ina stócach. Chan buachaill suarach a bhí ann ach buachaill breá dóighiúil, gnaíúil. B'fhurast don bhuachaill chéanna bean a fháil, nó gan baint dona chuid saibhris agus dona mhaoin shaolta, bhí sé ar bhuachaillí breátha na tíre.

Oíche amháin dá raibh siad ina suí in aice na tineadh, labhair an Gobán leis an mhac.

"Tá lá an aonaigh amárach ann," ar seisean. "Caithfidh tú na caoirigh a chur soir agus iad féin agus a luach a bheith chun an bhaile leat."

"Go n-amharca an tAthair Síoraí orm!" ar seisean. "Chuir tú in áit mo chartaidh sa deireadh mé."

Cé go raibh a fhios ag an mhac gur rud a bhí ann a bhí doiligh a dhéanamh, níor chuir sé beaguchtach ar bith air. D'éirigh sé an lá arna mhárach, theann air agus thiomáin leis na caoirigh ag tarraingt ar an aonach. Ní raibh sé ach ag teacht isteach i gceann an aonaigh nuair a casadh ceannaitheoir air agus chuir ceist air cá mhéad a bhí sé a iarraidh ar na caoirigh.

"Tá," ar seisean, "dúirt m'athair liom go gcaithfinn iad féin agus a luach a bheith chun an bhaile liom."

Fágadh an ceannaitheoir siocaithe ag gáirí faoi agus bhog sé leis suas an t-aonach agus é ag déanamh go raibh corrógánach greannmhar ar an tsaol seo. Níorbh fhada go dtáinig fear eile agus bhí an manadh céanna ag an fhear seo dó. Ach ba é míniú is réiteach an scéil go dtáinig deich gceannaitheoir a fhad leis, agus ní raibh aon duine ábalta margadh a dhéanamh leis. Bhí siad uilig ag gáirí faoi agus iad mar a bheadh siad ag teacht i dtír air.

Bhuail náire é sa deireadh, agus bhí sé ag gabháil chun an bhaile nuair a tháinig cailín óg a fhad leis. Chuir sí ceist air cá mhéad a bhí sé a iarraidh ar na caoirigh. Dúirt sé gurbh iad féin agus a luach.

"Maith go leor," ar sise, "bhéarfaidh mise sin duit orthu. Cuir isteach iad."

Cuireadh isteach iad. Thug an bheirt leofa dhá dheimheas.
Lom siad na caoirigh agus chuir siad an olann isteach i mála,
agus tomhaiseadh í. Thug sí luach na holla dó agus d'iarr air
a chuid caoirigh a thiomáint chun an bhaile. Bhí an-lúcháir
ar an duine bhocht ansin, agus bhain sé an baile amach leofa.
Shín sé luach na holla don tseanduine.

"Tím go bhfuair tú ceannaitheoir," arsa an seanduine.

"Fuair," ar seisean, "agus mo sháith i gceart a thug sé le
déanamh domh."

"Cé a cheannaigh uait iad?" arsa an seanduine.

"Cailín óg," ar seisean, "agus bheinn caillte ach ab é í."

"Sin an bhean a thuig do scéal, agus sin do chéile mná, dá
mbíodh ciall agat," arsa an seanduine. "An aithneochá í dá
gcastaí ort arís í?"

"D'aithneochainn," ar seisean.

Seal tamaill ina dhiaidh sin bhí an mac ag oíche dhamhsa
amach as baile. Tí sé cailín óg aerach ina suí thíos i gcoirnéal
an tí. Sa bhomaite smaointigh sé gurbh í an cailín seo a bhí
ann. Bhuail sé chun comhráidh léithi agus thug cuireadh
daoithi a theacht ar cuairt chuige tráthnóna Dé Domhnaigh.
Ba é sin an guth a fuair a fhreagar.

Nuair a tháinig an Domhnach ghléas sí í féin go hinnealta
agus bhain teach an Ghobáin amach. Chuir an mac in aithne
don tseanduine í. Bhí fáilte mhór acu fána coinne agus rinne
siad a mhór dithi an tráthnóna sin. Thaitin sí ar achan dóigh
leis an tseanduine, agus ba mhaith leis cleamhnas a dhéanamh
eadar í féin agus a mhac. Tráthnóna nuair a bhí sí ag imeacht
thug an seanduine leis í a fhad le seomra cúil a bhí ann.
D'fhoscail sé cófra óir agus chuir sé ceist uirthi caidé a barúil
de sin.

"Barúil mhaith," ar sise. "Ba mhaith é le a bheith ag cur
leis."

"Maith thú," ar seisean. "Is tú ábhar na mná tí, agus ba
mhaith liom thú ag mo mhac mar chéile mná."

"Más maith," ar sise, "tabhair i láthair é, nó títhear domh
gur buachaill breá é."

Tugadh. Thoiligh seisean í a phósadh. Rinneadh an

cleamhnas agus pósadh an lánúin, agus rinne siad bainis mhór nach raibh a leithéid ann le cuimhne na ndaoine.

Chuaigh achan rud ar aghaidh go maith i ndiaidh a bpósta. Bhíodh na fir ag obair mar a bhí riamh agus an bhean ag coinneáil tí agus ag timireacht fán teach. Nuair a bhí siad gearrthamall pósta chuir bodach mór as Londain scéala chucu a ghabháil anonn, go raibh caisleán mór aige le déanamh.

D'éirigh siad ar maidin le bodhránacht an lae; chóirigh siad iad féin, thug leofa a gcuid gléasraí agus bhog leofa ag tarraingt ar chuan Bhéal Feirste. Bhí an seanduine ag gabháil anonn in aois an t-am seo agus ní raibh siúl ar bith ann. Ba bheag an t-astar a dhéanfadh sé nuair a ghoillfeadh sé air. Nuair a bhí sé tuairim ar leath bealaigh tháinig cloíteacht air agus shuigh sé ar ghruaimhín an bhealaigh mhóir.

"Caidé atá ort," arsa an mac, "nuair nach bhfuil uchtach agat a ghabháil níos faide?" ar seisean.

"Tá," arsa an seanduine, "tá an siúl ag goilleadh orm, agus caithfidh tú mé a iompar an chuid eile den bhealach."

Chuir an mac ar a dhroim é agus streachail sé leis é gur éirigh sé tuirseach. Ansin bhog an bheirt leofa agus níorbh fhada gur bhain siad an baile amach. Chuir an bhean óg iontas iontu pilleadh ar ais agus nuair a fuair sí faill chuir sí ceist ar an mhac caidé a bhain daofa nuair ab éigean daofa pilleadh. D'inis an mac caidé mar a bhí.

"Nuair a bhí sibh leath bealaigh," ar sise, "nach raibh sé chomh furast agaibh a ghabháil go bun an rása?"

"Muise, bhí," ar seisean, "dá mbíodh an chiall sin againn."

"Rachaidh sé i gceann an tsiúil amárach arís," ar sise, "agus dhéanfaidh sé an cleas céanna ort; agus an bhfuil a fhios agat caidé a dhéanfaidh tú leis? Tarraing seanscéal ort agus ná tabhair aird ar bith air ach siúl leat."

"Dhéanfaidh mé sin," ar seisean.

D'éirigh an bheirt ar maidin agus shín leofa agus nuair a bhí siad san áit cheannann chéanna a raibh siad an lá roimhe sin, dúirt an seanduine go raibh sé tuirseach agus go gcaithfeadh sé é a iompar. Ach níor lig an fear óg air go gcuala sé é. Chuaigh sé a scéalaíocht dó. Ansin chuaigh an bealach tharstu ní ba ghaiste agus níor mhoithigh siad go raibh siad ag an chuan.

Chuaigh siad ar bord, agus caitheadh ar an chladach thall iad. Bhí an fear a raibh siad ag gabháil a dhéanamh na hoibre dó ag an chéidh rompu le beathach agus carr. Ní raibh fiacha orthu siúl ní b'fhaide.

Ar maidin an lá anóirthear chuaigh siad i gceann na hoibre. Ghearr siad amach fad agus leithead an chaisleáin. Ansin chuir siad an dúshraithe ina shuí. Lean siad d'obair na cloiche lá i ndiaidh an lae eile, agus i gceann na dtrí mblian bhí an caisleán críochnaithe agus é cóirithe sa dóigh a dtiocfadh cónaí a dhéanamh ann. Tháinig an fear ar leis é amach agus dúirt sé leis an Ghobán Saor nach bhfaca sé aon chaisleán riamh a bhí chomh deasdéanta leis. Ba é an intinn a bhí aige an Gobán Saor a chur chun báis, ar eagla go ndéanfadh sé caisleán ar bith eile chomh deas leis. Ach níor luaithe a rinne sé an smaointiú sin ná a bhí a fhios ag an Ghobán caidé a bhí faoi a dhéanamh. Dar leis féin, beidh mise inchurtha leat, a dhiúlaigh.

Tráthnóna, nuair a bhí siad i ndiaidh an caisleán a chríochnú, tháinig an fear uasal amach agus mhol sé a gcuid oibre. Dúirt sé, ina raibh de shaorthaí ag obair riamh aige, nach raibh aon fhear a choinneochadh an choinneal don Ghobán, agus gurbh é an bharúil a bhí aige nach raibh a leithéid de chaisleán ar dhroim an domhain chláir. Dúirt an Gobán gur sin an bharúil a bhí aige féin, ach ina dhiaidh sin go raibh aon locht amháin air.

"Má tá," arsa an fear eile, "ní fheicimse é."

"Súil ghéar a d'aithneochadh é," arsa an Gobán, "agus is é an locht atá air go bhfuil barr an tsimléara róchrochta amach ó thaobh an bhalla."

"Arbh fhéidir sin a leigheas?" ar seisean.

"D'fhéadfaí," arsa an Gobán. "Tá ball oirnéise agamsa sa bhaile in Éirinn agus dá mbíodh sé agam ní bheinn i bhfad a leigheas."

"Cá hainm atá air?" arsa an fear uasal.

"Tá," arsa an Gobán, 'cor in aghaidh an chaim agus cam in aghaidh an choir.'

Sa bhomaite thoiligh an fear uasal teachtaire a chur fá choinne na hoirnéise. Ach ní ligfeadh an Gobán dó. Dúirt sé nach bhfaigheadh duine ar bith é mura bhfaigheadh a mhac féin agus a mhacsan é.

D'imigh an bheirt mhac go hÉirinn. Tháinig siad isteach tigh an Ghobáin. D'fhiafraigh an cailín óg dena fear cár fhág sé an t-athair. D'inis sé daoithi caidé mar a tharla agus caidé a raibh siad ar a lorg.

Bhí bocsa mór i gcoirnéal i gceann an tí. D'ardaigh sí an clár den bhocsa agus d'iarr sí ar mhac an fhir uasail a theacht — gurbh é ab umhaile. Chrom mac an fhir uasail síos. Nuair a bhí sé crom, chaith sí síos ar mhullach a chinn é, dhruid sí an clár agus thiontaigh sí an eochair sa ghlas. Dúirt sí go mbeadh sé ansin go dtiocfadh an seanduine slán folláin chun an bhaile.

Chuaigh an scéala fada leitheadach ar fud na háite. Fá dheireadh fuair an fear uasal ina chluasa é. Ligeadh cead a chinn leis an Ghobán Saor agus fuair sé cibé a bhí cosanta aige. Ansin ligeadh mac an fhir uasail chun an bhaile, agus bhí achan chineál i gceart leis an Ghobán Saor.

XVIII

In Albain Arís

D'imigh mé bliain eile go hAlbain fada ó shin. An bealach céanna a théimis i gcónaí — amach bun an Eargail go mbímis tigh Jack an Mhealláin ar an Losaid. Gheibhimis tráth bidh ansin agus théimis go Leitir Ceanainn agus chodlaímis an oíche sin tigh Eibhlín Plaic nó tigh Skilly Man i Leitir Ceanainn. Bhímis inár suí le bodhránacht an lae lá arna mhárach agus shiúlaimis go Doire ar bheagán scíste agus ar bheagán le hithe. Dá mb'fhéidir é, bhímis ar an bhád an oíche sin — sin dá mbíodh aon cheann ag gabháil trasna. Mura mbíodh, ní bhíodh a athrach le déanamh ach lóistín a ghlacadh i nDoire.

Chuaigh mé féin trasna an bhliain seo ar scor ar bith agus ní raibh aon duine liom ach mé féin. Bhí mé thall cupla séasúr roimhe sin ach má bhí féin ní raibh aon chuid mhór eolais agam ar an tír.

Tháinig mé den bhád i nGlaschú agus chuaigh mé isteach agus d'ith mé rud inteacht. Amach ar ais liom agus dar liom go rachainn suas an tír. D'imigh agus dheamhan stad a rinne mé go raibh mé thuas ag áit a dtugann siad an Galloway Coast air. Ní raibh mé eolach ar an áit, agus chuaigh mé ar seachrán san oíche ann. Bhí mé ansin gan a fhios agam cá raibh mé ná caidé a bhí le héirí domh. Bhuail cumhaidh mé. Tháinig an baile i mo cheann agus smaointigh mé gur dheas a bheith thall udaí fríd mo mhuintir féin, le taobh a bheith san áit a raibh mé. Ach caidé an neart a bhí air? Nárbh í an bhochtaineacht a thug orm an baile a fhágáil agus ní raibh leigheas air. Chaith mé díom mo froc nó chuala mé sa bhaile, an té a bheadh ar seachrán dá gcaitheadh sé de a froc agus í a thiontó air, go n-aithneochadh sé sa bhomaite cá raibh sé, nó go bhfaigheadh sé a theacht ar an chosán cheart arís. Rinne mé féin seo agus sa bhomaite caidé a tím giota fada uaim ach marbhsholas. Thug sin uchtach domh agus tharraing mé air.

Nuair a tháinig mé go dtí an solas caidé a bhí ann ach scaifte *muggers* agus *tent* acu agus iad ina suí thart fá bheochán tineadh. Bhí bean ar a ceithre boinn agus í ag suathadh taoisc ar thóin bocsa a bhí ann. Nuair a bhí sin déanta aici chuir sí cloch mhór leis an tinidh agus chuir sí an bhonnóg i gcúl na cloiche agus d'fhág sí ansin í go raibh sí bruite. Chuir siad ceist orm caidé a thug an bealach seo mé. D'inis mé féin daofa go raibh mé ar *tramp,* go deachaigh mé ar seachrán agus gur tharraing mé ar an áit seo.

"B'fhéidir go bhfuil ocras ort?" arsa fear acu.

"Muise, níl mé saor," arsa mise.

Rinne siad tae domh agus d'ith mé mo sháith. Nuair a bhí mo bholg lán bhí mé ag brath imeacht ach ní ligfeadh siad mé. Chóirigh siad leabaidh bheag ar an urlár domh. Fraoch agus raithneach a bhí inti agus málaí garbha caite ina mullach sin fá choinne mé a gcur os mo chionn. Luigh mé ach má luigh féin níor chodail mé néal gur bhris an lá. Má bhí siad caíúil féin, bhí eagla orm go muirbhfeadh siad mé nuair a bhí sé dorcha. Ach nár mhaith scáth ar dhóigh ar bith? Tháinig an mhaidin agus thug siad bricfeasta maith domh — tae, arán agus muiceoil. D'fhiafraigh siad díom cá háit a raibh mé ag gabháil. D'inis mé féin daofa go raibh mé ag brath a ghabháil go hAyr, nach raibh obair ar bith anseo i gcosúlacht.

Dúirt siad nach raibh. Thug mé buíochas mór daofa agus d'imigh mé. Shiúil mé liom go géar gasta agus níor stad mé go raibh mé istigh i bPaisley. Bhí sé mall i gceart ag teacht ansin domh, agus ní raibh a fhios agam cá bhfaighinn lóistín. Casadh seanduine orm. Éireannach a bhí ann. D'fhiafraigh mé de an raibh barúil ar bith aige cá bhfaighinn lóistín. Dúirt sé go raibh eolas aige ar theach amháin a bhí ag coinneáil lóistéirí. Thaispeáin sé domh féin é agus isteach liom.

Bhí an teach lán ban agus iad ina suí thart leis na ballaí, cuid ag cóiriú a gceirtigh, cuid eile ag cleiteáil, agus bean amháin ag ní na soitheach. Scanraigh mé féin agus bhí mé ag brath imeacht ar ais.

"Tá eagla orm," arsa mise, "go bhfuil mé sa teach chontráilte."

"Tá," arsa bean acu. "Cé a chuir anseo thú?"

"Tá," arsa mise, "seanduine a casadh amuigh ansin orm. Chuir mé ceist air an raibh barúil aige cá bhfaighinn lóistín, agus seo an áit ar sheol sé mé."

"Níl anseo ach mná uilig, agus ní fhóirfeadh sé duitse fanacht," ar sise, "ach tá a fhios agamsa áit a bhfaighidh tú lóistín maith agus beidh mé leat go dtí an teach."

"Tá mé iontach buíoch duit," arsa mise.

Tháinig sí liom go dtí go bhfuair sí lóistín domh ag seanbhean agus ag seanduine. D'fhan mé acu sin go maidin.

D'éirigh mé ar maidin go luath. Rinne mé mo bhricfeasta, chuir mé coisreacadh Dé orm féin agus shiúil mé liom. Bhí mé tuirseach go maith den bhealach mhór an t-am seo, nó bhí na cosa chomh nimhneach agus nach raibh mé ábalta siúl i lár an bhealaigh mhóir. Is é rud a chaithinn siúl ar an ghruaimhín. Is iomaí uair a shuigh mé ar thaobh an bhealaigh mhóir agus a thug mé mo chrá gur rugadh riamh mé nuair a chonaic mé an saol cruaidh a bhí romham. Duine a bhí ionam nach gcuirfeadh a dhath mórán buartha orm, ach an t-eagar a raibh mé ann an lá seo, ní raibh neart agam air. Nimhneach is uile mar a bhí na cosa, shiúil mé liom go raibh mé istigh i gCarluke. Chuir mé ceist an raibh obair ar bith ann agus húradh liom go raibh. Amach liom go dtí an obair agus chuaigh mé a fhad leis an gheafar.

"An bhfuil tú ag glacadh aon duine isteach?" arsa mise.

"Muise, níl," ar seisean, "san am i láthair, ach dá dtigtheá thart fá cheann tamaill eile, b'fhéidir go dtiocfadh liom cupla seachtain a thabhairt duit. Tá fear acu seo ag imeacht agus b'fhéidir go dtiocfadh liom thú a chur ina áit," ar seisean.

"Á, bhail," arsa mise, "ba mhaith liom dá dtiocfadh leat mé a chur a dh'obair, nó tá mé ar *tramp* le seachtain agus tá na cosa gearrtha agam, agus níl aon leithphingin rua agam."

Ghlac sé truaigh domh agus chuir sé a dh'obair mé. Ag baint cloch iarainn a bhí muid, agus bhí lomadh mór le déanamh sula nochtadh an t-iarann. Obair chontúirteach i gceart a bhí ann. Chuir sé mé féin agus fear eile a dtugadh siad Jackie Moore air a lódáil, agus chuir sé fear eile a dtugadh siad Paidí Ó Baoill air a phiocadradh dúinn. Bhí scaifte mór ag obair ann, ach sin a bhfuair mé aithne orthu an lá seo. D'oibir muid linn mar sin go ceann tamaill mhóir fhada — an triúr againn féin i gcuideachta, agus is é rud a bhí an chéad dóigh orainn. Ní raibh muid ag déanamh a dhath ach ag marbhadh an ama.

Sa deireadh chuir an geafar an Baollach ar shiúl a dhéanamh rud inteacht eile, agus chuir sé fear eile ina áit — fear a dtugadh siad James Donnelly air. Ba as Baile Átha Cliath é, agus diúlach iontach greannmhar a bhí ann. Ní dhruidfeadh a bhéal ach ag inse scéaltaí beaga greannmhara de gheall ar gháire a bhaint amach. Thug mé féin toil mhór dó agus chaithfinn a bheith ina chuideachta ar fad. Scoláire maith a bhí ann. Gheibheadh sé an páipéar go minic, agus léadh sé dúinne i gcónaí é.

Chonaic sé cuntas ann oíche amháin ag sean*lady* as Sasain a bhí ag iarraidh duine a dhíolfadh beithígh daoithi. Dar leis gur bhreá an posta é. Chuir sé freagar chuici. Chuir sí scéala fána choinne agus d'imigh sé. Nuair a chuaigh sé a fhad léithi d'éirigh leis i gceart, agus rinne sé fostó shé mhí léithi. Níor mhaith leis téarma rófhada a chur air féin ar eagla nach mbeadh dúil aige san obair. Thaitin an obair i gceart leis, agus nuair a bhí na sé mhí istigh aige, chuir sé téarma thrí mblian air féin. Bhí sé féin agus an sean*lady* ag teacht le chéile i gceart, agus ba é an deireadh a bhí air nach ligfeadh sí ar shiúl é. Thug sí nóisean dó agus ba mhaith léithi é í a phósadh. Ach bhí leisc uirthi an cheist a chur chun tosaigh air.

Nuair a bhí na trí bliana istigh aige d'iarr sé a chuid airgid. Dúirt sé go raibh sé ag imeacht.

"Cad chuige a bhfuil tú ag imeacht?" ar sise.

"Ó," ar seisean, "nach bhfuil an t-am thuas? Agus tá mé ag éirí tuirseach den áit seo ar scor ar bith, agus ba mhaith liom a ghabháil go hAlbain arís."

Ní raibh a fhios aicise cad é an dóigh a gcoinneochadh sí é. Rinne sí suas a chuid airgid dó, agus bhí sí ag brath cead a chinn a thabhairt dó.

"Títhear domh," ar sise, "go bhfuil sé simplí agat mise a fhágáil agus imeacht leat fríd an tsaol agus áit mhaith a fhágáil i do dhiaidh. Tá airgead agus éadach anois agat," ar sise, "agus ba bheag ab fhiú thú nuair a tháinig tú anseo. *Rolling stones gather no moss,"* ar sise.

"Nor a clocking hen gathers no feathers," ar seisean.

Dar léithi, tá tú ag imeacht, agus tá sé chomh maith agam mo rún a ligean leat. An rud amháin domh é ar scor ar bith. Caithfidh tú freagar inteacht a thabhairt orm.

"Is minic," ar sise, "a bhí mé ag brath ceist a chur ort ó tháinig tú anseo an bpósfá mé?"

"Bhail," ar seisean, "is doiligh domhsa bean dhá scór a phósadh agus gan mé féin ach sé bliana fichead."

"Gheobhaidh tú bean óg, cinnte," ar sise, "ach dá mbeadh gan a dhath airgid a bheith aici nár bheag ab fhiú duit an cailín óg? Thig leat luí agus éirí anseo achan am ar mian leat é. Thig leat an beathach agus an carr a thabhairt leat agus do rogha cúrsa a ghlacadh bealach ar bith ar mian leat. Thig leat do rogha culaith éadaigh a chur ort, nó do rogha tráth bidh a chaitheamh am ar bith ar mian leat é, agus ag an chailín óg ní bheidh sin le fáil agat."

"Tá sin uilig go léir ceart," ar seisean, "ach b'fhearr liomsa cailín óg a bheith liom a mbeadh taitneamh agam daoithi ná seanrud a mbeadh na múrthaí airgid aici, nó mar a dúirt an file:

> *Cúradh mo chroí ar an phósadh is ar bhuachaillí óga
> an tsaoil,
> Is go mb'fhearr daofa cailín deas óg ná bean agus
> puntaí léithi.
> Gach oíche mhór fhada sa gheimhreadh, nár dheas a
> bheith 'súgradh léithi?
> Is neamhionann is an caile buí 'srannfaigh is ag
> tarraingt an phlaincéid léithi."*

"Caithfidh sé go bhfuil cailín beag óg faoi do shúil agat?" ar sise.

"Muise, dheamhan ceann," ar seisean. "Is iomaí cailín a raibh mé léithi, ach níor casadh an bhean cheart go fóill orm."

"Bhail," ar sise, "creidim nach bhfuil maith domhsa a bheith ag dréim leat."

Sheasaigh sé agus smaointigh sé go ceann tamaill. Ar ndóigh, bhí cailín ansiúd aige agus cailín anseo aige agus gan a dhath ar a gcúl. Shantaigh sé an t-airgead, mar a rinne fiche fear eile diomaite de. Dar leis nach achan lá a gheobhadh sé an seans céanna, agus ghlac sé é.

"Ar ndóigh, dá bpósfainn thú agus a dhath a theacht ort, nach mbeinn chomh holc agus a bhí riamh?" ar seisean.

"Bhail," ar sise, "ní sin mar a bheas. Níl aon duine ag baint domhsa in Albain ná i Sasain, agus fuígfidh mé an t-iomlán agat."

"Maith go leor," ar seisean. "Pósfaidh mé thú."

Seachtain ina dhiaidh sin pósadh iad. Chaith siad saol breá pléisiúrtha i ndiaidh a bpósta, agus bhí siad ag gabháil i gceart riamh gur bhuail breoiteacht an sean*lady*. Tugadh an doctúir chuici ach ní raibh maith ann. Dúirt sé go raibh an croí ag tabhairt suas aici. I gceann na gcupla lá fuair sí bás. Bhí buaireamh mór ar James ina diaidh. Chaoin sé uisce a chinn fá dtaobh dithi. Ní fhanóchadh sé san áit ar a bhfaca sé riamh. Dhíol sé an teach agus an talamh agus a raibh ann agus bhain sé Albain amach arís. Casadh orm féin é. D'aithin sé mé. Bhí lúcháir mhór air romham. Thug sé isteach a dh'ól mé, agus sin an áit ar inis sé domhsa caidé a d'éirigh dó ón am a d'fhág sé mé féin agus Jackie Moore ag obair an iarainn i gCarluke.

Bhí mise agus Jackie ag obair i gcuideachta a chéile i rith an ama, agus muid ag teacht le chéile i gceart. Ní tháinig aon fhocal garbh ná searbh eadrainn riamh. Dhéanfadh ceachtar againn rud ar bith don fhear eile. Trodaí mór a bhí i Jackie seo. Ní raibh sé i bhfad san áit go bhfuarthas aithne air. Bhí siad ag gabháil á chur a throid ar shon deich bpunta fhichead le Joe MacDonald, a dtugadh siad Camlachie Mouse air. An lá a bhí an troid le bheith ann chuaigh mé féin agus cibé eile a bhí fán obair síos go bhfeicimis Jackie ag troid. Diúlach mór ard láidir daingean a bhí i gCamlachie Mouse, agus ní raibh i Jackie ach fear beag íseal ach go raibh sé daingeandéanta. Shíl mé féin nach ndéanfadh Jackie lámh ar bith de. Thoisigh an troid. Throid an bheirt dhá *round* agus fiche. Bhris Moore cnámh an ghéill aige agus bhí na deich bpunta fhichead bainte aige.

Chuaigh mé féin anonn a fhad leis agus chroith mé lámh
leis.

"Bulaí fir atá ionat," arsa mise. "Shíl mé nach seasóchá am
ar bith dó."

An oíche sin nuair a bhí muid ag gabháil a luí, dúirt sé liom
féin go raibh sé ag brath imeacht ar maidin.

"Cad chuige a mbeifeá ag imeacht," arsa mise, "nó cá
mbeifeá ag gabháil?"

"Tá," ar seisean, "ní raibh deich bpunta fhichead i mo phóca
riamh agam, agus tá mé ag imeacht go mbaine mé rince as,"
ar seisean, "agus má tá dúil agatsa a bheith liom, tá fáilte agat."

Dúirt mé féin ar ndóigh go rachainn — nach raibh de
dhíobháil orm ach an seans. Chuaigh muid go hEdinburgh an
chéad rud, agus cé a casadh orainn ag ceann an bhaile ach Eoin
Rua! Bhí lúcháir mhór orm féin roimhe, nó bhí neart aithne
agam air.

"An as an tseantír anois thú, a Eoin?" arsa mise.

"Chan ea," ar seisean. "Tá an séasúr caite agam abhus. Bhí
mé thoir sna Loudens ó tháinig mé trasna go dtí tá seachtain
ó shin. Thit mé amach leis an fheirmeoir agus d'fhág mé é,
agus tá mé ar *tramp* ó shin."

D'inis mé féin dó caidé mar a bhí — nach raibh an boc seo
ach i ndiaidh deich bpunta fhichead a bhaint as cupla *round*
bocsála a thabhairt d'fhear eile.

"Dar Dia!" ar seisean. "Sibhse is cóir a bheith ann."

Chuaigh muid isteach a dh'ól agus leis an scéal fhada a
dhéanamh gairid níor fhág muid an baile go deachaigh muid
fríd na deich bpunta fhichead. Bhí Eoin ag brath ár bhfágáil.

"Siúil leat amach linne," arsa mise. "B'fhéidir go mbeadh
seans agat a ghabháil a dh'obair. Mura bhfaighe tú obair féin,
ní ligfimid do bhás ón ocras go bhfaighe tú rud inteacht."

"Dar Dia!" ar seisean. "Beidh cinnte, nó is é rud a gheofar
marbh amuigh maidin inteacht mé, mura bhfaighe mé mo
phutógaí a líonadh."

"A Eoin," arsa mise, "ar casadh aon duine ort fá Edinburgh
a raibh aithne agat air?"

"Níor casadh aon duine orm ach máistir na luchóg mór, John

Phaidí,'' ar seisean. "Sin ar aithin mé."

Thug muid Eoin amach a fhad leis an gheafar. Fuair sé obair agus bhí muid ag gabháil ar aghaidh i gceart. Ba ghnách liom féin a bheith corrmhaidin mall ag éirí, agus ní bhíodh faill agam a ghabháil ar mo ghlúine le m'urnaí a ráit. D'fhanadh Eoin i gcónaí liom go mbíodh sé amach liom. Ach an mhaidin seo ní raibh ann ach é go raibh faill agam greim bidh a ithe, chan é amháin m'urnaí a ráit. Thoisigh mé á ráit romham.

"Caidé an monamar atá ort?" arsa Eoin.

"Ag ráit m'urnaí atá mé," arsa mise.

"Dar Dia!" ar seisean. "Tá beagán le déanamh agat."

"Cad chuige?" arsa mise. "Ar ndóigh, ba cheart duitse a ráit fosta."

"Nár fheice mé ach Dia má tá aon fhocal dithi agam le ráit," ar seisean.

"An ea nár fhoghlaim do mháthair duit í?" arsa mise.

"Níl mé ag rá go raibh sí aici ach a oiread liom féin," ar seisean.

Ina dhiaidh sin d'iarr an geafar orm féin agus ar Eoin *dock* a dhéanamh. Áit iontach fhliuch a bhí ann. Bhí na cosa fliuch againn, agus bhuail slaghdán mise agus b'éigean domh a ghabháil a luí. Bhí mé dona go leor. Dúirt Eoin go mb'fhearr domh an doctúir a fháil, ach ní chluinfinn iomrá air. Chuaigh sé a chócaireacht orm.

Bhruith sé feoil agus rinne sé brot domh. Ní raibh ann ach go raibh an fheoil te, chan é amháin í a bheith bruite. Thug sé babhal den tsú domh agus giota den fheoil. Ní thiocfadh liomsa amharc air chan é amháin a ithe, agus dúirt mé le Eoin nach raibh goile agam dó.

"Drochbhláth ort!" ar seisean. "Caidé an mhaith a bheith ag cócaireacht duitse nuair nach n-íosfaidh tú an rud a dhéanfar réidh duit? D'fhéad mé a ghabháil isteach chun an bhaile mhóir go bhfaighinn leathphionta branda duit," ar seisean.

"Is cuma liom," arsa mise. "Ní dóiche go ndéan sí dochar ar bith domh ar scor ar bith."

Tháinig an máistreás isteach agus d'amharc sí de chois na tineadh an áit a raibh an fheoil agus an sú.

"Creidim gur Big John a rinne réidh seo duit," ar sise.

"Is é," arsa mise.

"Rinne sé réidh brot maith láidir ar scor ar bith duit," ar sise. "Dá n-ólfá mórán de sin, ní bheifeá i bhfad beo," ar sise.

"Tá mé réidh leis," arsa mise, "nó níl mé ábalta a dhath dá ndéanfaidh sé réidh a ithe."

Tháinig Eoin agus an branda leis agus thug sé domh féin an leathphionta le hól.

"Bhí an máistreás istigh ó shin," arsa mise.

"Caidé a bhí sí a rá fá dtaobh díomsa?" ar seisean.

"Tá, dúirt sí nach raibh maith i do chuid brot," arsa mise.

"Scrios ón Rí ar Mhataí an Aoiligh!" ar seisean.

Fágadh mé féin siocaithe ag gáirí. A Dhia, ba é an duine greannmhar é! Bhainfeadh sé gáire as cat. Tá an duine bocht marbh ó shin — trócaire go bhfaighe a anam! Bhain an branda allas asam féin, agus i gceann na gcupla lá bhí mé ar mo sheanléim arís.

Tháinig tincleoir thart lá amháin agus chuaigh sé a mhagadh ar Eoin. Lig Eoin dó riamh go dtí go bhfacthas dó go raibh sé ag gabháil rófhada. Chuaigh Eoin anonn a fhad leis agus thug sé aon dorn amháin dó agus leag sé fríd chlocha géara a bhí ann é agus gearradh an tincleoir uilig go léir. Ní dhéanfadh sin gnoithe dó. I ndiaidh a leagain thug sé trí ciceannaí dó agus thug sé bogmharbhadh air.

"Anois," ar seisean, "bíodh múineadh ort nuair a thiocfaidh tú an bealach seo arís, agus ní bhainfear duit. Shíl tú gur leathamadán a bhí ionamsa, ach nuair a chonaic mé thú ag gabháil rófhada thug mé le fios duit gur aithin mé thú ag magadh orm."

D'éirigh an tincleoir bocht agus d'imigh sé, agus ní raibh ann ach é go raibh sé ábalta na cosa a choinneáil, bhí sé chomh gortaithe sin.

"Anois," arsa mise le Eoin, "sin an rud is daoire a rinne tú riamh. Tá neart aithne agamsa ar an óganach sin nó tá sé ina chónaí ar an bhaile seo, agus tá sé buailte suas le cibé scroblach atá san áit, agus is é rud a chruinneochaidh siad uilig agus muirbhfidh siad thú. Agus dá mbeinnse i do bhróga, a

Eoin," arsa mise, "bhainfinn na bonnaí as."

"Dar Dia, a Hiúdaí, b'fhéidir go bhfuil an ceart agat. Cá bhfuil mo froc?"

"Cinnte," arsa mise, "cha bheifeá ag imeacht gan do chuid ama a thógáil?"

Suas leis agus thóg sé cibé a bhí ina luí aige. Anuas arís leis, agus d'imigh an duine bocht.

Dheamhan ann ach go raibh sé ar shiúl as an bhaile mhór go dtáinig an tincleoir agus a trí nó a ceathair de chloigne eile de gheall ar ghreim a fháil ar Eoin. Chuir siad ceist orainne cá deachaigh sé ach ní thearn muidinne a dhath níos eolaí iad.

Tháinig fear úr a dh'obair inár gcuideachta go gearr ina dhiaidh sin — fear a dtugadh siad Willy Martin air. Chaith sé cuid mhór dena shaol i Meiriceá, agus mar bhí sé ina dhrabhlás mhór, diabhal pingin a shábháil sé riamh.

Chuir mé féin ceist lá amháin air cá hainm a bhí ar an tsoitheach a raibh sé amach léithi.

"Bengal Tiger," ar seisean, *"and I come home on the Kangaroo."*

Shíl sé go raibh an bás aige am amháin. D'ordaigh sé uaigh a dhéanamh dó. Chuir sé scéala chuig an chearpantóir agus d'iarr sé air cónair a dhéanamh dó.

"Imigh thusa, a Hiúdaí, anois," ar seisean, "fá choinne an tsagairt, nó ní bheidh mise beo ar maidin!"

D'imigh mé féin chomh tiubh géar agus a tháinig liom. Nuair a tháinig mé ar ais fuair mé Willy agus babhal tae aige agus giota mór aráin. Bhí an sagart isteach sna sála agam.

"A Athair Shíoraí!" arsa an sagart. "Nár shíl mé go raibh an bás agat?"

"Nach mór an deifre atá ort liom! Nach gcaithfidh tú fanacht liom?" arsa Willy.

Diabhal a raibh de mhaith don tsagart a bheith ag caint leis. Bhí a dhóigh féin aige, agus d'imigh an sagart gan ola ná rud eile a chur air. Luigh sé ansin ar feadh tamaill fhada ag déanamh go raibh an bás aige.

Bhí stócach eile i mo chuideachta — fear de mhuintir Fhearaigh. Ba as Bun an Leaca é. Stócach iontach críonna a bhí ann nach gcaithfeadh aon leithphingin i mbliain. Ní óladh sé, ní chaitheadh sé an píopa agus ní dhéanadh sé a dhath. Ní raibh dúil ar bith againne ann cionn is nach raibh sé ina dhrabhlás cosúil linn féin. Ní raibh beo ar bith air frínn. Bhímis i gcónaí ag magadh agus ag teacht i dtír air. Ach dheamhan ar mhiste leis. Bhí sé ag tabhairt aire dona chuid airgid agus ba chuma leis muid a bheith ag magadh air go dtiteadh an cár asainn. Ní raibh sé dhá mhí ann go raibh cúig phunta sábháilte aige, agus dheamhan leithphingin a bhí againne. Ní choinníodh sé féin leithphingin ar bith, ar eagla go gcaithfeadh sé a dhath. Bheireadh sé do bhean an lóistín le taisceadh é. Nuair a bhí sé tuairim is ar cheithre mhí ann d'éirigh sé tuirseach den áit, agus dúirt sé liom féin go raibh sé ag brath imeacht agus gur cheart domh a bheith leis.

"Ó," arsa mise, "ní shílim go dtéim chun an bhaile go ceann tamaill eile, nó dá mbeinn ag brath a ghabháil féin, níl aon leithphingin agam."

"Bhail," ar seisean, "beidh tú mar sin choíche go stada tú den ól. Agus nach mór an truaigh duit an t-airgead atá tú a shaothrú go cruaidh a bheith á chur amugha le hólachán?"

"Sin féin an fhírinne," arsa mise, "ach caidé an neart atá air? Sa chéad cheann atá an dainséar uilig. Agus murar bhlais tusa riamh é go dtí seo, ná blais choíche é," arsa mise. "Sin comhairle atá mise a thabhairt duit."

Bhí mé féin isteach leis go teach an lóistín go bhfeicfinn ag imeacht é. Thoisigh sé a phacáil a bhunail agus nuair a bhí deireadh pacáilte aige chuaigh sé a fhad le bean an lóistín agus d'iarr sé a chuid airgid uirthi.

"Caidé an t-airgead atá agamsa le tabhairt duit?" ar sise.

"Nach dtug mé ocht bpunta duit le taisceadh?" ar seisean.

"Dheamhan leithphingin a thug tú domhsa riamh le taisceadh," ar sise.

Diabhal a dhath a bhí aige le déanamh ach siúl leis amach. Lean mé féin amach é.

"Siúil leat suas ionsar an tsáirsint," arsa mise, "agus má fhaigheann fear ar bith duit é, sin an fear a gheobhas duit é."

Chuaigh muid suas agus isteach chun na beairice. Bhí neart

aithne ag an tsáirsint orm féin, nó bhíodh sé suas achan uile oíche i ndiaidh trampannaí, an áit a raibh mé ag stopadh.

"Well, Hughie," ar seisean, *"what's bothering you today?"*

D'inis mé féin dó. "Seo fear," arsa mise, "a thug a chuid airgid le taisceadh do bhean an lóistín, agus níl sí ag brath a thabhairt dó anois."

"'Bhfuil fianaise ar bith aige?" ar seisean.

Dúirt an stócach nach raibh.

"Bhail," ar seisean, "rachaidh mise suas libh, ach tá eagla orm nach bhfuil maith domh ann. Tá focal bhean an lóistín chomh maith le d'fhocalsa."

D'éirigh sé agus bhí sé linn.

"An fíor," arsa an sáirsint, "go dtug sé seo ocht bpunta duit le taisceadh agus nach bhfuil tú sásta a thabhairt dó?"

"Ní thug sé aon leithphingin rua domh le taisceadh," arsa an bhean, "agus dá n-abradh sé go dtug, scoiltfinn leis an mhaide bhriste é."

Ní raibh maith a bheith léithi. B'éigean dúinn imeacht agus a fágáil ansin. Ní raibh ní b'fhearr ag an stócach le déanamh ach fanacht agus oibriú, cosúil linn uilig. Agus bhéarfaidh mise Dia i mbannaí duit gur ina phóca féin a chuir sé an darna hairgead a shaothraigh sé agus nár fhág sé i muinín aon duine é.

Bhí geafar orainn a dtugadh siad Charlie Grant air. Éireannach a bhí ann ach más ea féin, drochdhuine a bhí ann. Tháinig a athair thart lá amháin agus é ar *tramp*. Chuaigh sé a dh'iarraidh oibre air agus thug sé dó í. Cinnte, ba doiligh dó a sheanathair a dhiúltú.

Lá arna mhárach chuir sé an t-athair a dh'obair. Líon sé bara mór air agus d'iarr sé air a iompar suas plainc fhada a bhí ann. Bhí an seanduine gránna aosta agus gan é chomh láidir agus ba ghnách leis a bheith. Chuaigh sé i gceann an bhara, ach ní raibh sé ábalta a chorrú as an áit a raibh sé.

"Tá sé trom agam," arsa an t-athair leis.

"Bhail, má tá," arsa an geafar, "fág ansin é. Gabh chun an bhaile agus inis do mo mháthair gur thóg sí mac a stiocáil ar chosán an bhara thú."

Ní raibh a dhath ag an tseanduine ghránna le déanamh ach a froc a chur air agus imeacht.

Tháinig an *contractor* thart fá cheann chupla lá. hInseadh dó caidé a rinne an geafar, agus chuaigh sé ar an daoraí. Bhí Albanach ann, d'fhear a bhí ar leathmhire, agus bhí sé ag obair ann san am.

"Gabh amach," arsa an *contractor* leis an Albanach, "agus glac áit Charlie Grant, nó ní bheadh fear ar bith ag obair i mo chuid oibrese a bhéarfadh an sac dona athair. Tá greim bidh de dhíth ar an tseanduine chomh maith leis-sean."

Bhí dóigh shaoithiúil oibre an uair sin acu. Dá ndéanfá a dhath as an chosán, chuirfeadh siad ar shiúl a dó nó a trí de laetha thú agus bhéarfadh siad ar ais ansin thú.

"Ó," arsa an tAlbanach, "is doiligh sin a dhéanamh áit fir a ghlacadh."

"Gabh amach," arsa an *contractor,* "agus ná déan a dhath, agus dheamhan i bhfad go labhra sé leat."

Chuaigh an tAlbanach amach agus rinne sé rud inteacht nár shásaigh an geafar.

"Gabh chun an bhaile, agus fan sa bhaile go dtabhra mise amach thú," arsa an geafar.

"Cha dtéim," arsa an tAlbanach, "ach gabh thusa chun an bhaile agus dheamhan amach choíche a bheirimse thú."

"Caidé an séala a rachainn chun an bhaile duitse?" arsa an geafar.

"Bhéarfaidh mise sin le fios duit," arsa an tAlbanach. Chuaigh sé suas a fhad leis an *contractor* agus thug sé anuas é.

"Tá tusa fada go leor san obair seo," arsa an *contractor* leis. "Nach gcuala mé gur chuir tú bara ar d'athair an lá eile nach raibh sé ábalta a iompar, agus nuair nach raibh, go dtug tú an bealach mór dó?" ar seisean.

"Rinne mé sin," arsa an geafar.

"Bhail," arsa an *contractor,* "fear ar bith a dhéanfadh a leathbhreac sin lena athair, dhéanfadh sé liomsa fosta é, agus tóg ort chomh tiubh géar is a thig leat amach as m'amharc, agus ná feicim aon amharc anseo choíche arís ort," ar seisean.

D'imigh sé agus a sháith mire air. Leoga, níor chaoin aon duine againn ina dhiaidh, nó ní raibh a dhath maith ann.

Níor fhan mé féin i bhfad ina dhiaidh, nó d'éirigh mé

tuirseach den mhuintir a bhí i mo chuideachta. D'imigh mo
chuid comrádaíonnaí uilig ach fear Bhun an Leaca, agus ní
raibh siamsa ar bith annsan dá bhfaca mé in aon fhear riamh.
Is é a raibh ag cur bhuartha uilig air caidé an dóigh ab fhearr
a ndéanfadh sé airgead; agus ní raibh dúil ar bith ag ár
leithéidíne ann. Is é rud ab fhearr linn é a bheith ina dhrabhlás
cosúil linn féin. Ach ba doiligh a chur le drabhlás. Is iomaí
uair a d'fhéach muid leis, ach sin a raibh ar a shon againn.
Bhí fuath iontach againn air dá thairbhe sin, agus tífimis báite
i mbolgam uisce é. Aon uair amháin a d'imigh mo chuid
comrádaíonnaí féin, a d'ólfadh agus a cheolfadh, bhí mé
iontach uaigneach i gcuideachta an ghlagaire seo. Sháigh mé
an phiocóid maidin amháin, chuaigh mé isteach a fhad leis
an oifig, thóg mé mo chuid ama agus d'imigh mé.

Bhí a cúig nó a sé de phuntaí sábháilte agam ar scor ar bith,
agus mura bhfaighinn obair féin, bhí mé ag brath an tseantír
a bhaint amach, agus dheamhan ar mhiste liom. I dtrátha am
seobhála a bhí ann, agus bhain mé suas an tír amach. D'fhéach
mé cupla áit, ach ní raibh aon duine de dhíobháil in áit ar bith.
Bhí mé ar *tramp* go dtí go raibh na cúig phunta chóir a bheith
caite agam.

Cé a casadh orm oíche amháin i bPeebles ach Frainc Mac
Gairbheith agus braon maith ólta aige! Bhí sé tamall maith
roimhe sin ó chonaic mé é. D'iarr mé air a theacht isteach go
mbeadh gloine is pionta againn. Chuaigh. Chuir sé ceist orm
féin an ea nach raibh mé ag obair. Dúirt mé féin nach raibh
san am i láthair, ach go raibh mé ag obair thuas i gCarluke
gur éirigh mé tuirseach den áit agus gur fhág mé é.

"Bhail," ar seisean, "tá mise ag seobháil i Norset Mains."

"'Bhfuil aon duine ag obair san fheirm ach thú féin?" arsa
mise.

"Tá," ar seisean, "Séamaisín Rua agus Séamas Sheáin Óig
ag obair i mo chuideachta fosta."

"Ba deas a bheith ina gcuideachta," arsa mise. "Cha bheadh
seans ar bith agam obair a fháil?"

"Bhail, ní bheidh a fhios agat sin gan a fhéacháil," arsa
Frainc. "Níl muidinne ag obair ach na cupla lá uilig, agus tá

a naoi nó a deich d'acraí *turnips* le seobháil againn, agus beidh
na préataí ag teacht ina dhiaidh sin," ar seisean.

"Damnú go bhfuil mé ag déanamh go mbeidh mé amach
leat," arsa mise. "Ar ndóigh, ní thig a dhath a dhéanamh orm
ach mo dhiúltú, agus is doiligh liom an baile a bhaint amach
agus gan aon leithphingin liom."

"Tá sin fíor," arsa Frainc. "Bí liomsa amach ar scor ar bith."

Ach luigh mé féin agus Frainc leis an ól go deachaigh muid
ar na cannaí. Chuaigh Frainc a thitim amach le fir a bhí istigh
inár gcuideachta, agus caitheadh amach muid. Nuair a chuaigh
muid amach ní raibh mise ábalta na cosa a choinneáil, agus
is é rud ab éigean domh greim a fháil ar Frainc. Ní raibh Frainc
é féin mórán ní b'fhearr ná mé. Bhí sé ag coinneáil na gcos,
ach sin a raibh ann. Ba é an chéad rud a mhoithigh mé féin
beirt phéas ag fáil greim orainn. Bheir siad orainn agus thug
siad chun na beairice muid. Chaith muid an oíche sin sa *black
hole,* agus ar maidin lá arna mhárach tugadh chun an dlí muid.

Chuaigh mise agus Frainc isteach go teach na cúirte eadar
dhá phéas. Nuair a chuaigh muid isteach bhí seanduine mór
ina shuí ar an dlí, agus a cúig nó a sé de chloigne de dhiúlaigh
ní b'óige ná é ina shuí anuas uaidh. Creidim gurbh é an
breitheamh a bhí ann. Bhí muid tamall fada istigh sula dtáinig
scairt ar bith orainn, ach nuair a tháinig, léigh diúlach óg a
bhí ann rud inteacht amach as leabhar. Níor thuig mé féin go
rómhaith é, nó ní raibh aon chuid mhór Béarla agam.

D'fhiafraigh an seanduine díom féin an raibh mé ábalta a
dhath a ráit ina éadan sin. Dúirt mé féin nach raibh a dhath
agam le ráit ina éadan.

Chuir an breitheamh ceist ar Frainc an raibh a dhath aigesean
le ráit ina éadan — mura raibh, go raibh muid istigh leis. Dúirt
Frainc nach raibh sé ábalta a dhéanamh amach caidé an dóigh
a raibh muid istigh leis.

"Nach síleann tú," arsa an breitheamh, "gur *crime* atá ann
a bheith ar meisce? Nach síleann tú dá dtitfeá agus do mhuineál
a bhriseadh gur *crime* a bheadh ann? Dá dtitfeá i bpoll uisce
agus do bháthadh, nach sílfeá gur *crime* a bheadh ann?"

"Ní shílim," arsa Frainc, "gur *crime* ar bith ceachtar acu."

"Ní hionann nóisean domhsa agus duitse," arsa an breitheamh. "Sílimse gur *crime* mór achan chuid acu. Dá mbeifeá gaibhte dhá uair istigh sa tseachtain, bhéarfainnse le hinse duit gur *crime* atá ann," ar seisean. "Chuirfinn ar an *black list* thú sa dóigh nach bhfaighfeá aon deor uisce bheatha in Albain. Sin nó tá áit eile sa tír seo fá choinne do leithéid, agus áit eile i do thír féin, agus chuirfinn trí bliana ann thú," ar seisean. "Ach ligfidh mé ar shiúl an iarraidh seo sibh. Cánóchaidh mé achan fhear agaibh cúig scillinge. Beidh sibh i mur mbuachaillí maithe nuair a thiocfaidh sibh ar ais," ar seisean.

D'imigh muid agus muid buíoch beannachtach go bhfuair muid cead ár gcinn.

"Tá mo cheann féin iontach nimhneach," arsa Frainc. "Ba mhaith liom leigheas a fháil."

"Cinnte," arsa mise, "chan ag gabháil a dh'ól ar ais a bheifeá i ndiaidh oíche a chaitheamh sa *black hole* agus do chánú cúig scillinge?"

"A amadáin," ar seisean, "an sin a bhfuil a fhios agatsa? Tá mise chomh tuartha leis an *black hole* agus nach bhfuil lá iontais agam ann ach oiread le oíche a chaitheamh sa bhaile thall udaí in Éirinn. Siúil leat," ar seisean, "go bhfliuchaimid an sceadamán arís, nó chuirfeadh an saol atá ann duine ar bith a dh'ól."

"Ní a do dhiúltú atá mé," arsa mise, "ach níl mé ag gabháil isteach. Cead agat féin a ghabháil, agus fanóchaidh mise ag spaisteoireacht thart fá seo go dtara tú amach."

"Cha dtéim gan tú," ar seisean.

Ní raibh maith domh a bheith leis. B'éigean domh a ghabháil leis, ach má chuaigh féin, níor ól mé ach a oiread agus a bhí mé ábalta a iompar. Ach níorbh é sin do Frainc é; d'ól sé go dtí gur stad sé ar a lóntaí féin.

Chuaigh muid amach chun an bhotaí chuig Séamaisín Rua agus chuig Séamas Sheáin Óig. Bhí muid ábalta an bealach a dhéanamh — sin é. Cuireadh fáilte mhór romham féin, agus ní raibh muid i bhfad istigh go dearnadh réidh tráth bidh dúinn. Shuigh muid thart. Cuireadh cuid mhór ceastóireachta

orm. An raibh mé i bhfad sa tír? Cá háit a raibh mé ag obair?
D'inis mé féin daofa chomh maith agus a tháinig liom, agus
d'inis mé daofa fá Eoin Rua, an lá a bhuail an tincleoir é agus
an dóigh arbh éigean dó teitheadh.

"Chan fhaca aon duine agaibh é?" arsa mise.

"Chonaic mise i bPeebles é tá seachtain ó shin, agus é millte
gearrtha uilig," arsa Frainc.

"Níl a fhios agam caidé a tháinig air?" arsa mise.

"Tá, bhí sé á inse domhsa," arsa Frainc, "gur dhá thincleoir
a tháinig air aon oíche amháin i ndiaidh é Carluke a fhágáil
agus go dtug siad bogmharbhadh air. 'Dar Dia!' ar seisean liom,
'bhí cloigne cruaidhe orthu mar a bheadh bál gunna mhóir
ann. Gruag ar bith orthu ach ribe amháin a bhí ar achan fhear
acu. Eadar mé is Dia,' ar seisean, 'go raibh méara orthu mar
a bheadh fiacla ráca ann'."

"Is iad na tincleoirí ab éigean a theacht air," arsa mé féin,
"agus ach ab é mise, ní fhuígfeadh sé Carluke ar chor ar bith."

"Caidé an mhaith a bhí dó ann?" arsa Séamaisín.

"Muise, a Dhia, ba mhór an truaigh a dhath a theacht air,"
arsa Séamas, "nó ba é an duine breá é."

"Ba leis féin ba chóir a rá," arsa mise. "Bhainfeadh sé gáire
asat dá mbítheá fá uair den bhás."

Rinne muid oíche mhór chomhráidh ar fhichid rud go
dtáinig am luí. Shín mise mé féin ar shráideoig i gcois na
tineadh, gan aon snáithe a bhaint díom. Agus bhí mé i mo shuí
ar an chéad fhear ar maidin, agus mhuscail mé an mhuintir eile.

Fuair Séamaisín Rua obair domh agus mé buíoch
beannachtach agus a fáil. Níor gealladh ach coicís domh, ach
nár leor sin?

"Anois," arsa Séamaisín, "ó tharla gur ghlac sé ar chor ar
bith thú, ní chuirfidh sé ar shiúl thú go dtí an fear deireanach."

"Ba mhaith an fear scéil thú," arsa mise.

Thoisigh muid ar na *turnips*. Ní raibh lámh rómhór agam
féin ar an obair, agus ní raibh mé ábalta coinneáil suas leis an
mhuintir eile ar chor ar bith. Leoga, bhíodh siad ag magadh
orm — ag déanamh nach fear ar bith a bhí ionam. Ach
dheamhan i bhfad a bhí mise ag fáil isteach ar an obair, agus

bhaininn darna achan iomaire le ceachtar acu. Bhí an chéad lá agus an darna lá cruaidh go maith, ach ó sin suas d'éirigh mé tuartha leis, agus ní raibh lá binne agam air.

Bhí mé féin agus Séamaisín Rua inár suí istigh sa scioból tráthnóna Dé Sathairn amháin. Chuaigh an bheirt eile chun an bhaile mhóir lena ngnoithe. Is dóiche go mbeinn féin leofa ach gur fhan mé istigh a chur paiste ar mo bhríste. Níor ghnách le Séamaisín a ghabháil áit ar bith.

Tháinig an máistreás amach chugainn agus leabhar léithi chuig Séamaisín, ag déanamh go raibh léann aige. Shín sí an leabhar chuig Séamaisín agus d'iarr sí air a bheith ag léamh nuair nach raibh a dhath eile aige le déanamh.

"Níl léann ar bith agamsa," arsa Séamaisín.

"Is agat féin atá," arsa mise.

"Nach breá a dúirt an fear eile go bhfuil?" arsa an máistreás.

"Ó, bhail," arsa Séamaisín, "inár gcanúint féin a léann muidinne achan chineál."

"Nach sin mar a nímid uilig?" ar sise. "Nár chóir go léifeá giota as an leabhar sin domhsa go gcluininn thú?"

"Ó, léifidh cinnte," ar seisean.

Bheir sé ar an leabhar agus d'fhoscail sé an chéad duilleog.

"Up passent the píce," ar seisean.

D'fhoscail sé an darna ceann.

"Shoo saa muckledowney," ar seisean.

D'fhoscail sé an tríú ceann. *"Row gawda, Miss Crowdag, arrabashin."*

D'fhoscail sé an ceathrú ceann.

"Arrumpitdishy, batthoo, leatherapooka."

D'fhoscail sé an cúigiú ceann.

"Lúrapóg, lárapóg, ladhra buí, buíáin Eoin, Eoin an phreabáin, preabán súileach, súileach saic, saic na mille, corn na cille, tathar lúth, lúth ar shlait, buille beag ar bharr na slaite — siúd amach an phlaic!"

Nuair a bhí sé réidh, dúirt an máistreás nach bhfaca sí aon truaigh riamh ach é a bheith ag obair, agus nach gcuala sí aon léitheoir riamh chomh maith leis.

Chríochnaigh muid na *turnips* agus ina dhiaidh sin thoisigh muid ar na préataí, agus in áit mise a chur ar shiúl i gceann na coicíse is é rud a chaith mé sé seachtaine ann. Nuair a bhí muid críochnaithe ansin bhain mé féin agus Séamaisín Rua agus Séamas Sheáin Óig an baile amach. Eadar an oíche a fuair muid ar an bhád agus an siúl as Doire bhí muid tuirseach go breá.

XIX

An Iomáin

Ní raibh mé riamh in Albain nach mbíodh mo sháith lúcháire orm á fhágáil agus ag tarraingt ar na seanfhóide. Ní raibh ár saol inmhaíte orainn sa bhaile féin; ach má bhí muid beo bocht, ní raibh muid gan ár gcuideachta agus ár gcaitheamh aimsire féin a bheith againn. Agus ní hionann amach na gnásannaí a bhí againn agus cuid mhór dá bhfuil ag an dream óg atá anois ann.

Bhíodh bunús chuid stócach íochtar tíre ag iomáin sa tsaol sin, agus ní raibh aon chluiche ag gabháil ach é. Chóir a bheith nach mbíodh Domhnach ar bith ó bhíodh tús an earraigh ann go dtí deireadh an fhómhair nach mbíthí ag iomáin ar an Tráigh Bháin, agus bhí buachaillí na Rosann i gcónaí ábalta a gcuid féin a sheasamh, is cuma cén fhoireann a rachadh ina n-éadan. Mar bhí sé ina chluiche mhór san am, bhíodh achan duine ag caint air, agus thug sin ar an aos óg a dhá oiread suime a bheith acu ann. Sheasaíodh achan fhear don fhear eile, agus níodh achan fhear a dhícheall fá choinne cliú na háite a choinneáil suas.

Nuair a tháinig mise as an Lagán an bhliain udaí, bhí mé ag éirí aníos i mo ghlas-stócach agus bhí aigneadh breá agam. Ar ndóigh, ní raibh mé baol ar a bheith i m'fhear; ach mura raibh féin, bhí aigneadh fir agam. Bhí mé cupla tráthnóna ag coimhéad ar an chuid eile de na stócaigh ag iomáin. Thaitin an cluiche go maith liom, ach ní dhéanfadh a dhath maith domh go mbeinn féin i gceann an chamáin. Tugadh seanchamán domh, agus ní raibh mé i bhfad uilig ag gabháil dó gur fhoghlaim mé.

Bhímis ar an Oitir Mhóir ag cleachtadh achan tráthnóna Domhnaigh agus corrthráthnóna fríd an tseachtain — achan uile fhear ceanntarnocht, a chóta de, agus cuid mhór againn costarnocht. Bhí mé féin ar fhear dá raibh costarnocht, mar níor mhaith liom na bróga a rinne Eoin Phaidí domh a chaitheamh. Bhuail fear inteacht le buille de chamán isteach sa ladhair mhóir mé tráthnóna amháin, agus chaith sé barr na laidhre díom. Shíl mé go rachainn i laige le pianaigh. B'éigean m'iompar chun an bhaile, agus bhí mé tamall fada fúithi. Ach ab é seanbhean de chuid na comharsan a rinne ceirín domh, níl a fhios cá huair a chneasóchadh sí. Choinnigh mé an ceirín seo léithi go dtí go dtáinig craiceann ar an chneidh, agus ansin bhí mé chomh rite fá choinne na hiomána agus a bhí riamh.

Choinnigh scaifte againn leis an iomáin an bhliain sin — Frainc Tharlaigh, Micí Sheáinín Pheadair, Paidí Sheáinín Pheadair, Eoin Rua, Paidí Tharlaigh Óig, Micheál Ó Dufaigh, Muiris Pheadair, Frainc Dhónaill Phroinsiais, Feilimí Dhónaill Phroinsiais agus cupla fear eile nár choinnigh mé i gcuimhne.

Bhíthí ag cleachtadh cluiche na hiomána i bparóiste Ghaoth Dobhair fosta, agus bhí foireann ar an Mhachaire Loiscthe ag déanamh nach raibh aon fhoireann thart a bhí ábalta a theacht aníos leofa. Ceart go leor, bhí siad ag fáil lámh an uachtair ar a raibh rompu agus ina ndiaidh, agus bhí neart cearthaí orainne ceiliúr imeartha a chur ar chor ar bith orthu. Fá dheireadh fuair muid uchtach a ghabháil leofa. Chuir muid scéala anonn chucu ag iarraidh orthu a theacht anall chun na hOitre Móire an Domhnach sin a bhí chugainn go mbeadh cluiche iomána againn leofa. Tháinig siad ar an chéad chuireadh, agus má tháinig féin, bhí sin ann bológaí fear. Scanraigh mé féin rompu nuair a chonaic mé an mhéid a bhí iontu, ach níor lig mé síos m'uchtach. Muiris na gCorr, Bilí Mhéabha Duibhe, Dualtach Shiubháine, Donnchadh Dhónaill Sheáin — bhí siad sin ann agus scaifte eile nach raibh aithne agam orthu.

Chaith muid uilig dínn ár gcuid frocannaí. Chuaigh Frainc Tharlaigh sa chúl báire againne, agus chuaigh Dualtach Shiubháine sa bháire eile. Agus nuair a séideadh an adharc fuair achan fhear greim ar a chamán agus thoisigh an imirt. Choinnigh muid ár gcuid féin orthu ar feadh chúig mbomaite. Bhí an imirt ar a gcuid talaimhsean ar feadh an ama sin; ach cibé dóigh a bhfuair Muiris na gCorr an chnag a sciobadh leis, níor baineadh de í go raibh sé thíos ag béal an bháire. Bhuail an chnag Frainc Tharlaigh isteach sa lorga agus thóg sí cnapán air. Chuaigh Frainc ar an daoraí agus dúirt sé nach raibh aon fhear taobh thall de Ghaoth Dobhair nach muirbhfeadh sé. Chuala an Dualtach é. Reath sé anuas a fhad le Frainc agus bhuail sé dorn air agus leag sé é. Bhí sé ag brath é a bhualadh ina luí nuair a léim Micí Sheáinín Pheadair isteach, bhuail sé smitín air agus rinne sé ceirtlín de. Mhuirbhfeadh Micí é dá ligthí dó, ach chuaigh Feilimí Dhónaill Phroinsiais isteach eatarthu agus shocair sé iad.

Séideadh an adharc; glanadh an pháirc, agus thoisigh muid a dh'imirt arís. D'imir achan fhear againne ar theann ár ndíchill. Chuaigh ag Frainc Dhónaill Phroinsiais báire a chur isteach agus cupla bomaite ina dhiaidh sin chuir Paidí Sheáinín Pheadair ceann eile isteach. Ní raibh siad ábalta lámh ar bith a dhéanamh dínn agus bhí achan fhear báite ina chuid allais. Scairteadh leath ama. Bhí cupla bomaite scíste ansin againn. Chruinnigh cibé méid de mhuintir an bhaile a bhí ann thart orainn agus mhol siad i gceart muid. Bhroslaigh siad muid an bhuaidh a choinneáil ó tharla go raibh sí againn, agus gan a oiread de shásamh a thabhairt do mhuintir Ghaoth Dobhair agus go mbuailfeadh siad muid ar ár gcuid talaimh féin.

Séideadh an adharc athuair agus mar a bhuailfeá do dhá bhois ar a chéile bhí muid i gceann ár gcuid imeartha arís. B'fhurast a aithne ar mhuintir Ghaoth Dobhair, leis an chuil a bhí orthu, go raibh siad ar shon gnoithe. D'éirigh siad iontach garbh linn, ach ní bhfuair siad ach a sciar de. Choinnigh muidinne ár gcuid féin orthu i rith an ama, agus nuair a bhí an cluiche thart bhí siad buailte trí bháire againn. ''An Mhachaire Loiscthe — ceithre bháire, agus Rann na Feirste — aon bháire amháin.'' Bhí droch-chamáin acu. Ní raibh ag Muiris na gCorr ach sabhán agus ní raibh ag Bilí Mhéabha Duibhe ach coigeal tuirne.

Ní sásta a bhí muintir na Machaire Loiscthe, ní nach ionadh. Throidfeadh siad lena scáile agus b'fhurast sin a aithne orthu.

Chuaigh Muiris na gCorr amach i leataobh. Chaith sé de a

froc agus thug sé dúshlán fir ar bith as na Rosa. Chuaigh Micí
Sheáinín Pheadair leis, agus an chéad dorn a bhuail sé air leag
sé é. Nuair a d'éirigh sé ar ais thug Micí an darna ceann dó
agus rinne sé crúbadán de. Thug Muiris suas ansin é agus níor
labhair sé an darna focal.

Dar le Bilí Mhéabha Duibhe go ndéanfadh sé féin rud
inteacht. Dúirt sé go dtroidfeadh sé fear ar bith ar an tráigh.
Phioc Micheál Néill suas é. Chuaigh sé anonn a fhad leis.
Bhuail sé aon dorn amháin air agus chuir sé seacht slata ar
shiúl é. Tháinig Bilí anall ar ais a fhad le Micheál ag brath
Micheál a bhualadh. Thug Micheál an darna ceann dó agus thit
Bilí dearg ina chuid fola.

"'Bhfuil do sháith anois agat?'' arsa Micheál.

"Tá,'' arsa Bilí. "Ní labharfaidh mé níos mó leat.''

"Bhail,'' arsa Micheál, "tú féin is ciontaí. Dá mbítheá thusa
gan labhairt ní bhainfinnse duit; ach níor lig mise mo chnámh
le aon fhear riamh,'' arsa Micheál, "agus ní ligfidh.''

Bhaige, níor chuir seo beaguchtach ar bith ar an Dualtach.
Dúirt sé go bhféachfadh sé cor le fear ar bith as na Rosa.

Thóg Frainc Dhónaill Phroinsiais suas é. Fuair an bheirt dhá
ghreim ar a chéile, agus bhí sé cruaidh go leor eatarthu ar feadh
tamaill. Sa deireadh theann Frainc rud beag ní ba námhadaí
air agus leag sé é. Chuir sin deireadh leis an troid.

D'imigh muintir na Machaire Loiscthe chun an bhaile agus
a gcleiteacha síos leofa. Agus ní raibh a ndeifre orthu ag
tarraingt chun na hOitre Móire ar ais. Thug muidinne le fios
daofa nach é amháin gur bhuail muid ag an iomáin iad, ach
gur bhuail muid ag an bhocsáil agus an choraíocht iad fosta.
Ní cumraíocht ar bith sin, nó is maith mo chuimhne ar an lá
chéanna.

Caitheamh na Cloiche

Sin caitheamh aimsire mór eile a bhíodh acu sa tseantsaol — ag caitheamh na cloiche. Ach ní bhíodh siad á chleachtadh chomh minic agus a bhíodh siad ag cleachtadh chluiche na hiomána. Ní bhíodh acu ach corrthamall ag gabháil dó. B'fhéidir corr-Dhomhnach nach mbíodh tráigh acu fá choinne a ghabháil a dh'iomáin, go rachadh siad a chaitheamh na cloiche. Ach mura raibh an cleachtadh féin acu uirthi, bhí cuid acu nach dtiontóchadh cúl a gcinn do mhórán fear ar an ócáid, mar a bhí, Micheál Dhónaill Ruaidh, Micí Bhell, Niall Mac Cailín agus Braighní Mháire Hiúdaí. Chonaic mise go minic féachta iad, chan é amháin i Rann na Feirste ach thall udaí in Albain, an áit a mbíodh bulaíonnaí fear. Agus bhíodh na fir seo a d'ainmnigh mé trom ag aon duine a gcastaí daofa. Ach ba é Micheál Dhónaill Ruaidh an fear ab fhearr acu. Ní raibh aon duine acu ábalta a theacht aníos leis-sean. Chuirfeadh sé giota mór tharstu uilig í.

Chonaic mé scaifte acu cruinn tráthnóna Dé Domhnaigh amháin ag teach Dhónaill Mhic Cailín. Bhí scaifte mór acu ann diomaite de mhuintir an bhaile seo, Niall Sheáin Uí Fhearaigh as Bun an Bhaic, Dónall Óg Docsaí as Loch na nDeorann, Séamas Mac Cailín, Micheál Dhónaill Ruaidh, Proinsias Éamainn, Éamann Eoin, Feilimí Dhónaill Phroinsiais agus John Dhónaill Bhríde.

An chloch a bhí siad a chaitheamh bheadh sí tuairim is ar dhá chloich meáchain. hIarradh ar Éamann Eoin í a chaitheamh a chéaduair. Chaith Éamann í agus rinne sé marc maith. Chaith Feilimí Dhónaill Phroinsiais ansin í agus chuaigh sé thaire Éamann. B'éigean d'Éamann a caitheamh arís ach má chaith féin, ní thearn sé ach a sheanmharc. Tugadh seans eile dó uirthi. Fuair sé greim uirthi agus chuir sé a chuid urraidh uilig

léithi, ach ní thearn sé maith. Ní theachaigh sé fá shé horlaí
d'Fheilimí. Bhí Éamann buailte amach agus b'éigean dó a fágáil
ansin.

Cuireadh Proinsias Éamainn agus Niall Sheáin Uí Fhearaigh
le chéile ansin. Chaith Proinsias an chéad urchar agus chaith
Niall ina dhiaidh í, ach ní theachaigh sé fá orlach de Phroinsias.
Chaith Niall arís í. Fuair sé urchar maith uirthi agus chuir sé
tuairim is ar thrí horlaí thaire Phroinsias í. Ghlac Proinsias
mothú feirge nuair a chonaic sé an fear eile ag gabháil thairis;
chaith sé urchar eile agus chuaigh sé trí horlaí thaire Niall.
Chaith Niall urchar eile. B'éigean dó gur chaill sé a uchtach,
nó ní raibh sé ábalta a sheanmharc féin a dhéanamh. Thug sé
suas é agus bhí an bhuaidh ag Proinsias.

Chuaigh achan phéire le chéile mar sin go dtí gur sháraigh
siad a chéile. Sheasaigh cuid fear Rann na Feirste a gcuid féin
orthu. Ba é Feilimí Dhónaill Phroinsiais an fear ab fhearr acu
go dtí gur hiarradh ar Mhicheál Dhónaill Ruaidh urchar a
chaitheamh. Chuir sé suas dó. Sa deireadh d'iarr Feilimí air
urchar a chaitheamh. Ba mhaith leis a thabhairt le taispeáint
do na fir eile caidé a bhí Micheál ábalta a dhéanamh. Dúirt
Micheál nach gcaithfeadh, go raibh gualainn nimhneach aige,
an áit ar ghortaigh sé í ag tógáil meáchain. Choinnigh siad leis
riamh go dtí gur chaith sé urchar agus má chaith féin, ba é
sin an fear a dtiocfadh leis í a chaitheamh. Tharraing sé í agus
gan braodar ar bith chuir sé cúig troithe thaire Fheilimí í. Ní
thearn sé iontas ar bith de, ach ar seisean, "Dá mbíodh mo
ghualainn liom chuirfinn slat eile í."

D'éirigh dhá shúil ag achan fhear acu chomh mór le babhal.
Anonn le Feilimí a fhad leis. Chroith sé lámh leis. "Ba mhór
an truaigh a dhath a bheith ar do ghualainn," ar seisean, "nó
is mór an chliú don áit thú."

Scab na fir soir is siar, agus chuir sin deireadh le caitheamh
na cloiche an tráthnóna sin.

XXI

Damhsaíocha

Ba ghnách cuid mhór fidileoirí a bheith ag gabháil san am sin. Dá mbíodh a dhath trom le déanamh, ag rómhar nó ag tarraingt chloch nó rud ar bith mar sin, chuirthí fidileoir suas fá choinne an scaifte a chruinniú agus cuidiú leofa. Nuair a bhíodh an obair déanta bhíodh oíche dhamhsa sa teach an oíche sin.

Is cuimhneach liom féin mé a bheith ag fidileoir a bhí ag Eoin Phaidí ag tarraingt chloch bliain amháin. Chaithfeá a ghabháil chuig an fhidileoir i ndiaidh am dinnéara; mura dtéitheá, ní bheifí sásta díot. Is minic a bhíodh sé an trí a chlog sula mbíodh an dinnéar ann. Ní raibh am ar bith ann ach am dinnéara, am suipéara agus am luí, agus ní bhíodh a fhios cá huair go scairteadh an coileach a mbíodh am luí ann; ach níodh siad an dó dhéag a chlog de scairt an choiligh i gcónaí. Ní raibh eolas ar bith acu ar am ar bith eile ach mar sin, agus bhí dóigh bhocht ann, leoga.

Chuaigh mé féin ionsar fhidileoir Eoin. Bhí mé ar mo chois go breá luath agus ní raibh ann ach gearrscaifte beag romham. Achan fhear ar theann a dhíchill ag tarraingt cloch mór. Tífeá corrfhear ag tarraingt anoir ort, cupla fear ag teacht aniar, agus cupla duine eile ag teacht anuas an Carracamán. Iad uilig ag tarraingt ar an fhidileoir agus nuair a bhíodh siad uilig cruinn bhíodh thaire leathchéad fear nó mar sin ann. Bhí clocha uilig againn le hiompar ar ár ndroim, agus bhí cuid de na clocha a bhí iontach mór. Chuirthí na clocha sin ar an chuid ba láidre de na fir, mar a bhí Dónall Róise agus Mící Bhell, agus mura mbíodh siadsan ábalta na clocha a iompar, théadh fear ar achan taobh díofa fá choinne cuidiú leofa. Ní raibh barraí lámh ná barraí iarainn ná oird ar bith ann, agus an áit a mbíodh cloch rómhór nach mbíodh uchtach ag aon duine a ghabháil ina ceann, bheireadh fear den chuid ba láidre de na fir leis gearrchloch eile agus shíneadh sé ar an chloich mhóir go ndéanadh sé chomh beag í agus go mbeadh duine ábalta a hiompar. Sin an dóigh a bhí ann agus lean muid linn, cuid ag tarraingt na gcloch, cuid á dtógáil ar an mhuintir a bhí á dtarraingt agus cuid eile á ndéanamh beag, go raibh deireadh tarraingthe againn.

Ansin tháinig Eoin amach agus thug sé buíochas mór dúinn. D'iarr sé orainn a theacht isteach go bhfaighimis greim bidh le hithe. Isteach linn uilig. Bhí comhlaidh i lár an tí agus cliabh faoi achan cheann dithi á coinneáil suas, agus bhí suas le lán cléibh de phréataí bruite caite ar an chomhlaidh agus trí scadáin ghoirte ar scála, ceann i lár báire agus ceann ar achan cheann den chomhlaidh fá choinne achan fhear faic a bheith aige ar an anlann. Ní bhaineadh siad uilig a gcuid bearád díofa ach a oiread. Mar a déarfá, fear a mbeadh blagaid air nó a bheadh ag éirí liath, bhíodh leisc air a bhearád a bhaint de agus choinníodh sé sin air é a fhad agus a mhaireadh an biatachas. Cinnte ní raibh siad uilig amhlaidh; bhí níos mó de chéill ná sin ag cuid acu. Thógadh achan fhear préata agus bhaineadh sé an craiceann de lena chuid iongan. Ní raibh ní b'fhearr le déanamh,nó ní raibh sceana ná foirc ar bith ann san am. Ach mar sin féin, fuair achan fhear a ghoile a líonadh de na préataí gan lá loicht a fháil ar an dóigh.

Nuair a bhí an dinnéar caite chuaigh Eoin síos go ceann an tí. "A fheara," ar seisean, "cuireadh achan fhear isteach a phíopa go líona mé iad."

Ní raibh scian ar bith aige ach scian a bhí déanta de ghiota de chorrán. Líonadh na píopaí uilig agus nuair a gheibheadh fear a phíopa líonta thigeadh sé aníos a fhad leis an tinidh, bheireadh sé leis aibhleog agus dheargadh sé an píopa léithi. Bunús na bhfear uilig a bhí in Albain, bhí clár acu ar an phíopa agus *chain* ar an chlár thart ar an phíopa de gheall ar gan é a chailleadh. Bhí ceann an tí uilig lán aibhleog dóite sula raibh leath na bpíopaí dearg. Píopaí cailce uilig a bhí acu, agus bhí cuid mhór acu chomh dubh le cloch an bhaic. Ní bhíodh meas ar bith acu ar phíopa úr go mbíodh an dath sin air. Deireadh siad nach raibh blas ar bith air go dtí sin.

Ba é an fidileoir a bhí ann san am Feilimí na Fidile, agus bhíodh sé ag seinm ag achan fhidileoir. Bhí siad ag rá gur fidileoir maith a bhí ann; ach ní thiocfadh dó aon chuid mhór maithe a bheith ann, nó ní raibh aige ach dhá phort. Ba é an gnás a bhí aige coinneal a lasadh nuair a thoisíodh sé a sheinm agus ní bhuaileadh Feilimí ach go mbíodh an choinneal dóite. Bhíthí ag bobaireacht air fosta. An scaifte a bhíodh ina suí ag an doras druidte, bhíodh siad ag caitheamh dartán air, agus dá mbuailfí le ceann de na dartáin é ní bhuailfeadh Feilimí níos mó. Bhí cuid mhór ealaíne ann fosta. Oíche ar bith a n-éireochadh sé tuirseach ag seinm d'iarrfadh sé ar fhear inteacht a mbeadh aithne aige air dartán a chaitheamh air fá choinne é a stad. Is iomaí uair a rinneadh sin fosta, agus is iomaí uair a rinne mé féin dó é, nó bhí mé féin agus é féin iontach mór le chéile.

Ach an oíche seo a bhí an damhsa tigh Eoin, ní theachaigh muidinne chun an bhaile ar chor ar bith. Ní théadh na fir a bhíodh ag an obair chun an bhaile an uair sin. Dheamhan aghaidh ná rud eile a nímis. Bhí muid ansin go díreach mar a bhí muid ag an obair — bróga tairní orainn, brístí geala muilscín, corsaicíonnaí geala, bearáid phíce agus carbhat Paisley. Ansin thigeadh na mná isteach agus snáth agus dealgáin le achan bhean riamh acu fá choinne a bheith ag cleiteáil nuair nach mbeadh siad ag damhsa. Ní bhíodh siad róchóirithe ach a oiread — cótaí báinín ghoirm, poilcíonnaí báinín bhrocaigh, *net* ar a gcuid gruaige agus iad uilig costarnocht.

Bhímis uilig ag dúil le Feilimí a theacht. Thigeadh sé corruair go luath, agus amannaí eile bhíodh sé i ndiaidh a ghabháil ó sholas nuair a thigeadh sé. Ach dá luas is a thigeadh sé chaití an choinneal a lasadh. Ríodh Feilimí na téadaí agus bhuaileadh sé port maith aigeantach. D'éiríodh na fir a dhamhsa agus thógadh siad na mná. An bhean a d'éireochadh a dhamhsa d'fhágadh sí an stoca ag an bhean nach bhfuair cúrsa, agus bhíodh sí sin ag cleiteáil ar stoca na mná seo go mbíodh an cúrsa thart. Ansin d'éiríodh na mná nach bhfuair cúrsa agus d'fhágadh siad na stocaí ag na mná a bhí ar an urlár an cúrsa roimhe sin. *Breakdowns* uilig a bhíodh ann. Ní raibh ciall ar bith do ríleannaí ná do jigeannaí acu. Bhíodh darna achan chúrsa mar sin acu go mbíodh an choinneal dóite. Ansin bhainimis an baile amach sásta go breá.

XXII

Lá Fhéil' Pádraig

Fada ó shin nuair a bhí mise i mo ghasúr bheag, níor ghnách leis na drumaí siúl ar chor ar bith mar a ní siad anois. Dóigh eile ar fad a bhí acu. Ní raibh lá iomráidh acu ar dhrumaí ná ar cheol ná ar chóiriú mar a bíos anois. Ba lá mór dona gcuid iomána Lá Fhéil' Pádraig — achan fhear agus a chamán aige thíos ar an Oitir Mhóir ag iomáin ó thigeadh siad ó Aifreann Chionn Caslach go mbíodh gabháil ó sholas dó ann. Is minic nach mbíodh tráigh ann an lá sin, ach mura mbíodh féin ghlacadh siad cuibhreann inteacht fá choinne an lae agus thoisíodh an tslaiseáil acu ó sin go dtí an oíche. Agus chan buachaillí óga uilig an mhuintir a bhíodh ag iomáin. Bhíodh na seandaoine ar obair fosta. Bhíodh agus na gasúraí — ach nach mbíodh na gasúraí ag iomáin fríd na fir. Ghlacadh siad áit daofa féin. Bhí cros déanta de pháipéar fuaite ag achan fhear ar a ghualainn, ag tabhairt le taispeáint gur Lá Fhéil' Pádraig a bhí ann.

Nuair a bhíodh an lá istigh agus achan fhear sásta den chluiche, bhaineadh siad an baile amach. Théadh bunús na bhfear pósta go n-óladh siad a nglincín, agus thigeadh siad chun an bhaile ag gabháil cheoil. Ar ndóigh, b'fhurast fear a chur ólta an uair sin. Bhí an bhiotáilte breá saor; ní raibh sí ach sé pingine an leathphionta. Ach saor is uile mar a bhí sí, is annamh uair a tífeá fear ólta, mura mbeadh oíche cheann féile ann nó oíche bainse nó rud mar sin.

Chruinníodh an t-aos óg uilig isteach i dteach amháin. Bhíodh teach inteacht leagtha amach roimh ré acu fá choinne na hoíche sin. Chaitheadh siad an oíche go ham luí ag ceol agus ag damhsa agus ag cleasaíocht agus fiche caitheamh aimsire eile a bhíodh acu sa tsaol sin. Ba é an gnás a bhí ann na buachaillí óga braon biotáilte a fháil. Mar a déarfá, ní bhfaigheadh siad a oiread agus a dhéanfadh dochar ar bith daofa — cupla gloine a bhéarfadh a gcroí daofa go díreach. Chruinníodh siad airgead eatarthu féin. Cuid a mbíodh gráinnín beag acu agus cuid nach mbíodh. Ach an té nach ndíoladh a dhath gheibheadh sé a oiread le hól leis an té is mó a dhíol. Cibé méid airgid a thógthaí, níthí amach caidé an méid biotáilte a gheofaí air, agus ansin chuirthí beirt den chuid ba staidéaraí go Mín na Leice fána choinne. Chuirthí thart í anois agus arís go n-óltaí an braon deireanach dithi. Ní bhaineadh na mná daoithi. Arán coirce agus bainne a gheibheadh siadsan. Ansin thoisíodh an chuideachta. An buachaill a mbeadh ceol aige, cheoladh sé amhrán; an buachaill a mbeadh cupla coiscéim damhsa aige, dhaimhseadh sé, agus níodh na mná an cleas céanna. D'éiríodh siad uilig chun an urláir ansin agus níodh siad cúrsa Gaelach. Bhí na fidileoirí gann, agus is é rud a bhíodh na cailíní ag portaíocht do na daimhseoirí. Bhíodh siad ar an ealaín sin go mbíodh am luí domhain ann; ansin théadh achan duine chun an bhaile agus é breá sásta den oíche.

A dhó nó a trí de bhlianta ina dhiaidh seo rinne siad amach siúl agus *music* inteacht a bheith leofa fá choinne onóir a thabhairt do Naomh Pádraig. Chruinnigh siad airgead fríofa féin agus fríd an pharóiste uilig agus chuir siad ar shiúl fá choinne druma mór agus *flag*. Ní raibh ionam féin ach gasúr san am, ach tá cuimhne mhaith agam ar an chéad lá a chonaic mé iad. Chonacthas domh nach bhfaca mé a dhath riamh ba deise ná iad, agus ní iarrfainn de phléisiúr ach ag coimhéad orthu. An *flag* agus an dath deas glas sin uirthi agus pioctúir ina lár! Níor aithin mise cén pioctúir é an lá sin, ach fuair mé amach ina dhiaidh sin gur pioctúir Naomh Pádraig a bhí ann. Agus an druma mór — na dathannaí deasa a bhí air, agus na rópaí agus an leathar, agus na héadain dheasa a bhí ann! Níor dhadaidh riamh é go dtí go mbuailtí buille air. Dar leat gur dhual dó na mairbh a mhuscladh, bhí an oiread sin trup aige. Thug mé an dúthoil dó, agus níl aon áit a gcluininn iad á bhualadh nach gcaithinn tarraingt air.

Ach nuair a bhí sé acu bhí siad chomh holc agus a bhí siad riamh. Ní raibh aon fhear acu ábalta a bhualadh sa dóigh a mbeadh na buillí ag cur leis an phort. D'fhéach bunús na bhfear uilig leis, ach ní raibh dul ag fear ar bith a theacht isteach ar an dóigh lena bhualadh, agus bhí siad i gcruachás. Ba chuma leofa i dtaca le holc, ach chuaigh sé amach orthu go bhfuair siad an druma agus níor mhaith leofa a oiread de shásamh a thabhairt do na paróistí eile agus nach mbeadh siad ábalta siúl Lá Fhéil' Pádraig agus an druma a bheith leofa.

Fuair siad fear sa deireadh. Ba é Dia a chuir chucu é. Fear siúil a bhí ann a bhí ag gabháil thart ó theach go teach ag cruinniú a chodach. Smaointigh fear inteacht go mb'fhéidir go mbeadh seisean ábalta lámh inteacht a dhéanamh de, nó mura mbeadh go gcuirfeadh sé ar an eolas iad. Lig siad an scéal a fhad leis, agus caidé a bhí ann ach drumadóir! Saighdiúir a bhí ann agus bhí sé ina dhrumadóir san arm. D'inis siad dó caidé mar a bhí — go raibh druma mór acu agus go raibh siad ag brath siúl Lá Fhéil' Pádraig ach nach raibh aon fhear acu ábalta a bhualadh agus go mbeadh siad buíoch dósan dá siúladh sé. Ní raibh a dhath aigesean ina éadan sin. Dúirt sé go siúlfadh agus míle fáilte.

Tháinig an lá agus d'éirigh siad amach. Bhí mé féin i mo ghasúr bheag, mar a bhí mé á inse duit, agus mo chroí istigh sa druma. Ar ndóigh, shíl mé nach dtiocfadh an lá choíche, bhí mé an oiread sin i bhfách leis an rud a fheiceáil. Ach in áit mo ligean leis an druma mar a shíl mé, is é rud a cuireadh a bhuachailleacht mé! Nuair a chuala mé trup an druma d'imigh mé agus d'fhág mé an t-eallach ansin agus chuaigh mé a fhad leis an áit a raibh an scaifte cruinn. An port deas a bhí acu, bhéarfainn a bhfaca mé riamh ar a bheith sa *band*. Bhí siad ar shéala a bheith ag imeacht go díreach nuair a tháinig mé a fhad leofa. Seán Mór Píobaire ag píobaireacht ar a dtús. Séamas Mhaitiú taobh thiar de ag fidileoireacht, agus Pádraig Phaidí agus Frainc Tharlaigh ag faidhfeoireacht. Seedley as Mullach Dubh agus an druma ar a dhroim aige agus an fear siúil ag bualadh an druma. Bhí dhá bheathach bhreátha leofa fosta — beathach le Braighní Johndy Bháin agus ceann eile le Braighní Chondaí Pharthaláin. Ní raibh cóiriú ná ribíní ar bith orthu mar a bíos orthu anois, agus ní raibh an t-éadach a bhí siad a chaitheamh chomh galánta ach a oiread — brístí muilscín, veistí fá mhuinchillí, *watertights* throma, agus bearáid chac bó, nó mar a déarfadh na hAlbanaigh, *Kilmarnock bonnets.* Sin an t-éideadh a bhí ar na fir.

Shiúil siad leofa agus muidinne uilig ina ndiaidh, agus dheamhan girseach ná gasúr ar cheithre coirnéil na Rosann nach raibh ann. Bhí siad ag bualadh leofa ar theann a ndíchill. Dheamhan ann ach go mbíodh port críochnaithe go raibh siad ar obair ar cheann eile, agus lean siad leofa ar an dóigh sin go raibh siad thiar i gCionn Caslach. Chuaigh siad thart trí huaire ar theach an phobail; ansin d'fhág siad an druma istigh i dteach ann agus d'éist siad an tAifreann.

D'fhan mé féin agus scaifte de na gasúraí agus fir eile a bhí ní ba seanchríonta ná muid fán doras. Bhí gasúr mór ann a raibh Cruit Mac Comhaill air. Ní raibh a chosnamh féin sa chréatúr, agus mar a bíthear lena mhacasamhail i gcónaí bhí muid ag déanamh an-rud air, eadar ag tarraingt a chuid éadaigh, ag baint liomóg as, agus ag caitheamh seileog air. Chuir muid i mbarr a chéille é. Fuair an sagart a shúil orainn. Chuir sé amach muid agus Cruit amach inár gcuideachta. Char dhiabhlaíocht riamh é go dtí sin. Níor luaithe a bhí muid amuigh ná a chuaigh gasúr mór a bhí ann a throid le Cruit. Bhuail sé é agus thug sé bogmharbhadh air. Bhí fear muinteartha do Chruit ann. Bhaiceáil sé Cruit. D'éirigh fear eile a bhaiceáil an ghasúra. Thoisigh an troid eadar an dá scaifte agus ghread siad a chéile go raibh siad thíos ar Thráigh an Chéididh.

Chuala an Sagart Ó Dónaill an troiscneach a thóg siad. Tháinig sé amach agus dúirt sé gur chosúla seo i bhfad le aonach ná le Aifreann. Chonaic sé Cruit fríofa agus dhá shúil dhubha aige agus é ag cur troda ar dhuine inteacht eile. Chuaigh an sagart anonn a fhad leis. Chroith sé é agus d'iarr sé air a ghabháil chun an bhaile agus fanacht sa bhaile go mbíodh múineadh air. Char gháirí riamh againn é go dtí sin. Fágadh siocaithe uilig muid faoi.

Nuair a bhí an tAifreann thart bhuail siad port eile ag taobh theach an phobail agus ansin chuaigh siad siar go teach an tSagairt Uí Dhónaill agus bhuail siad cupla port eile dósan.

Agus ó sin chun an Chlocháin Léith. Thóg Braighní Johndy Bháin cupla pingin ar achan fhear a raibh aon leithphingin aige. Cheannaigh sé biotáilte daofa, agus d'ól siad a sáith i bpanc an Chlocháin Léith. Le coim na hoíche bhain siad an baile amach.

Bhí mise ceart go leor riamh go dtáinig mé ar amharc an bhaile agus ansin smaointigh mé ar an rud a bhí déanta agam. I ndiaidh an chuideachta a bhí agam i rith an lae bhí sé uilig amach asam ansin. Chuaigh mé a fhad le tóin an tí agus sheasaigh mé amuigh tamall. Ní raibh uchtach agam a ghabháil isteach, nó bhí a fhios agam caidé a bhí fá mo choinne. Bhí m'athair mór beo san am, agus smaointigh mé go gcaithfinn an oíche sin aige. Chuaigh mé a fhad leis agus d'fhan mé aige an oíche sin go maidin, agus bhí sé liom chun an bhaile an lá arna mhárach, agus níor baineadh domh.

Ar feadh fada go leor i ndiaidh an lae sin bhí achan duine sna trí pobail ag caint ar dhruma mór Rann na Feirste agus ar an *music* a bhí leofa Lá Fhéil' Pádraig. Chuir siad suas an cóiriú an darna bliain — téipí bána ar na brístí, scafógaí bána ar na guailleacha agus seamrógaí ar an froc agus bearáid chruinne ghlasa orthu. An oíche roimh ré bhaineadh achan fhear a chuid gruaige de, amach ón bhob. Bhíodh driopás millteanach ann an oíche roimh Lá Fhéil' Pádraig, eadar ag cuartú téipí agus á sníomh. Ba é an snáth ba doilíocha a fháil. Ní rabhthar á dhíol sna siopaí an uair sin, agus is é rud a chaití snáth lín a shníomh ar thuirne bheag fána gcoinne. Ní raibh tuirní féin fairsing an t-am seo, nó ní raibh ar an bhaile ach ceann a bhí ag mo mháthair mhóir. Bhíodh sise i gcónaí gnoitheach an oíche roimh ré. Is í a chaitheadh an snáth uilig a dhéanamh.

Shiúil siad an darna bliain fosta, agus bhí siad i bhfad níos fearr ná an chéad bhliain. Is maith a ní siad an lá seo a choinneáil suas agus urraim a thabhairt do Naomh Pádraig. Is beag áit atá á choinneáil suas anois amach ón áit seo féin. Tá siad ag siúl anseo go fóill, agus tá dúil agam go mbeidh, agus cluinim iad ag rá go bhfuil an t-ainm ag druma mór Rann na Feirste a bheith ar an druma is fearr in íochtar na condae.

XXIII

Lá Fhéil' Bríde

Ba é an gnás a bhí ann sa tseantsaol pota mór brúitín a dhéanamh Lá Fhéil' Bríde. Bhíodh na préataí pioctha ardtráthnóna ag na daoine agus nuair a thigeadh an oíche bhruití iad agus théadh im iontu — rud nach dtéadh iontu ach oíche cheann féile. I dtrátha leatham luí bheireadh duine inteacht den teaghlach punann de chochán scoite isteach as an bhóitheach. Chaitheadh ceann urraidh an tí í a chur faoina chosa agus ansin chuireadh sé duine inteacht amach go cúl an tí. An té a bhí amuigh scairteadh sé sean-ard a chinn, "Gabhaigí ar mur nglúine agus fosclaigí mur súile agus ligigí isteach Bríd Bheannaithe."

"Is é a beatha. Is é a beatha, a bhean uasal," a deireadh a raibh istigh, ag tabhairt freagar air.

Scairteadh an té a bhí amuigh ar ais, "Gabhaigí ar mur nglúine agus fosclaigí mur súile agus ligigí isteach Bríd Bheannaithe."

"Is é a beatha. Is é a beatha, a bhean uasal," a deireadh a raibh istigh.

Scairteadh an té a bhí amuigh an tríú huair, "Gabhaigí ar mur nglúine agus fosclaigí mur súile agus ligigí isteach Bríd Bheannaithe."

"Is é a beatha. Is é a beatha, a bhean uasal," a deireadh a raibh istigh.

Thigeadh an giolla a bhí amuigh isteach agus d'fhágadh sé punann an chocháin uaidh. Bhruití agus bhrúití an brúitín ansin, chuirthí im ann agus d'itheadh achan duine a sháith. Ní raibh na spanógaí fairsing. Teaghlach annamh a mbíodh dhá spanóig acu, agus ní raibh le déanamh ag an chuid eile den teaghlach ach cnáiscíní a thabhairt leofa. Déanamh spanóige a bhí ar an chnáiscín, ach gur déanta d'adhmad a bhí sí. An áit a mbíodh teaghlach mór ba doiligh cnáiscíní a fháil uilig daofa, agus is é rud a chaitheadh cuid acu sliogán mór a thabhairt leofa. Ní raibh aon duine ag díol spanóg san am ach athair an Slópar, agus ní bhíodh leis-sean ach ceithre spanógaí nuair a thigeadh sé chun aonaigh.

Is é an deireadh a bhí acu leis an chochán — bhí caoirigh ag achan duine an t-am sin, eadar bhocht agus saibhir — níodh an seanduine nascannaí do na huain óga a bhí le theacht chun an tsaoil agus buarachaí do na gamhna óga; ansin nuair a bhí na nascannaí ar na huain agus na buarachaí ar na gamhna bhíthí ag rá nach dtiocfadh leis na daoine beaga scaoileadh leofa. An méid a bhíodh fágtha den chochán níodh an seanduine crosannaí deasa de, agus chuireadh sé in airde iad achan áit a raibh feidhm leofa. Chuireadh sé ceann os cionn na cúl-leapa, cupla ceann i gcúl na dtaobhán agus a dhó nó a trí de cheanna i gceann an tí fá choinne ádh a chur ar an éanlaith agus ar an bhólacht. San am sin chóir a bheith go gcuireadh achan duine a chuid eallaigh ar buailteachas sa tsamhradh. Ní ligthí ar shiúl iad gan buarach de shopán na Féil' Bríde a bheith ar a muineál, sa chaoi is nach mbeadh na daoine beaga ábalta a scaoileadh leofa. Dá mbuaileadh a dhath an t-eallach a fhad agus a bheadh siad ar buailteachas bhíthí ag rá gur caite a bhí siad. Bhí daoine san áit a bhí ábalta an leigheas a dhéanamh. Bhí m'athair ábalta a dhéanamh. Is minic a chonaic mise é ag gabháil dó, agus is uaidh a d'fhoghlaim mé é.

Bhí mé ag airneál oíche amháin tigh Dhonnchaidh Phaidí Sheáinín. Bhí Donnchadh ag rá go raibh bó acu a bhí ag éileamh agus nach raibh a fhios aige caidé a bhí uirthi. Dúirt sé go raibh Seán Néill abhus tráthnóna agus nach raibh sé ábalta a dhéanamh amach caidé a bhí uirthi, mura caite a bhí sí. Chuaigh muid siar chun an bhóithigh, agus dá luas is a d'amharc mé féin uirthi dúirt mé gur caite a bhí sí. D'iarr Donnchadh orm leigheas an chaite a dhéanamh agus rinne.

D'imigh mé agus thoisigh mé ag barr a rubaill agus thomhais mé í go dtí an soc, agus fuair mé naoi mbanlámh. Is é an rud a dtugadh siad "banlámh" air fad do láimhe ó bharr do mhéir láir go dtí an uillinn. Bhí mé ag déanamh go raibh na naoi

mbanlámh rófhada agus thomhais mé arís í agus ní bhfuair mé
ach seacht mbanlámh. Agus de réir mar a bhí mise ag gabháil
ar aghaidh leis an doctúireacht bhí an bhó ag bisiú ar fad. Bhí
Donnchadh ina sheasamh ar an taobh eile dithi. Fuair mé an
maide briste agus dhá aibhleoig mhaithe, agus chuir mé an tine
choisreactha trasna na bó chuig Donnchadh, agus chuir
Donnchadh chugamsa ar ais í. Chuir mise ar ais chuig
Donnchadh í, agus lean muid de sin gur chuir muid siar an
droim ar fhad an chosáin ar thomhais muid í. D'imigh mé ansin
agus fuair mé siosúr agus bhain mé naoi mbarr dithi, an cosán
céanna a dearn mé an tomhas. Thug mé liom na naoi mbarr
agus chuir mé ar na haibhleogaí iad faoi shoc na bó. Dhóigh
siad agus d'éirigh an tútán faoi ghaosán na bó. Agus nuair a
bhí deireadh déanta agam chuir sí a teangaidh ina gaosán agus
bhí sí leigheasta.

   "Maith thú, a Hiúdaí," arsa Donnchadh. "Tá tú i do dhoctúir
mhaith."

   "Á, go measartha," arsa mise, agus d'imigh mé.

XXIV

Oíche Shamhna

Sin oíche mhór eile ba ghnách a bheith againn — Oíche Shamhna. Dálta mar a dhéantaí Lá Fhéil' Bríde, ghlantaí na préataí go luath tráthnóna, fá choinne cead na coise a bheith againn nuair a thiocfadh an oíche.

Nuair a bhíodh an brúitín ite — agus gan ag an teaghlach ach spanóg amháin eatarthu, b'fhéidir — théadh an chuid ab óige againn amach a ghoid cháil. Agus nuair a chruinníodh an t-aos óg uilig i gceann a chéile ní raibh ann ach cá háit ab fhearr a raibh an garraí cáil le gabháil go dtí é. Bhíodh na seandaoine uilig ag coimhéad an cháil agus plaincéad caite orthu agus madaí leofa. Sin an chuideachta ba mhó a bhíodh againn — féacháil leis an chál a ghoid d'ainneoin na seandaoine. Iad ina rith inár ndiaidh agus ag dreasú na madadh ionainn. Ba é sin ár gcuid den tsaol, agus ní bhíodh garraí ar bith ba ghaiste a dtéimis a fhad leis ná an garraí a bheifí a choimhéad. Níorbh fhiú a dhath goid an cháil dá bhfaighimis é gan tamall cuideachta ar an tseanduine.

Ansin nuair a bhíodh ceirtlín goidte ag achan duine againn théimis a fhad le teach inteacht agus chuirimis suas os cionn an dorais í. Cibé ainm a bhí ar an bhuachaill a thiocfadh isteach ar maidin ar cheirtlín girsí, ba é sin an t-ainm a bheadh ar an fhear a bheadh aici. Agus mar an gcéanna leis na buachaillí. Cibé ainm a bhí ar an ghirsigh a thiocfadh isteach ar maidin ar cheirtlín stócaigh, ba é sin an t-ainm a bheadh ar an bhean a bheadh aige. Dá dtigeadh na mná agus na fir isteach mar ba chóir, ar ndóigh, bheadh achan chineál ag gabháil i gceart; ach is minic nach dtigeadh, agus ní bhímis leathshásta, ach nach ligimis a dhath orainn féin.

Bhí mise chomh hamaideach le aon duine acu, leoga, agus b'fhéidir dá n-insinn an fhírinne go raibh mé giota mór níos amaidí. Ach leis an scéal a dhéanamh níos measa, bhí mé tógtha le cailín óg as Mín an Scáthbhail, cailín a dtugadh siad Anna Ní Bhraonáin uirthi. Shíl mé nach bhfaca mé aon chailín riamh ab fhearr liom ná í. Thiocfadh sí liom ar achan rud, agus dar liom ó tharla go raibh mé sásta dithi nach ligfinn uaim í. Dá ligfinn go mb'fhéidir nach gcasfaí aon cheann choíche arís orm cosúil léithi. Thug mé an dúnóisean daoithi, agus níl cuideachta ar bith dá mbíodh ag gabháil nach gcaithfinn a bheith aige agus Anna a chomóradh chun an bhaile, ar eagla go rachadh fear inteacht eile ar mo bhéala. Dá dtéadh san am sin, ghearrfadh sé mo shaol. Ach bhí sí i gcónaí seasmhach domh. Bhí mé iontach amaideach fá dtaobh dithi, mar a bíos achan duine a gcastar a macasamhail dó. Gheibhinn na cártaí gearrtha agus na cupaí léite go bhfeicinn an mbeadh sí ag smaointiú orm. Thigeadh an cailín bán amach sna cártaí, agus amach sna cupaí fosta, agus dá mba chóir a gcreidbheáil, bhí achan chineál ar aghaidh boise agam. Is minic a bhínn ag déanamh gur ag magadh orm a bhíodh siad, nó ní thiocfadh liom a chreidbheáil go raibh an chúis chomh diongbháilte agam agus a dúirt siadsan.

Mar sin de, bhí mé ag fanacht le Oíche Shamhna mar a bheadh cat ag feitheamh ar luchóig ann, go gcuirinn suas mo cheirtlín. Ba é seo an cruthú ab fhearr a bhí agam, nó bhí mé ag déanamh nach raibh i nduilleogaí an tae agus sna cártaí ach rudaí a chuireadh siad in iúl domh. Bhí mé ag coinneáil na ngnoithe uilig ceilte ar an chuid eile de stócaigh an bhaile, ach ní raibh a dhath i gan fhios daofa san am chéanna. Bhí a fhios acu go raibh mé sna luchógaí fá Anna Ní Bhraonáin.

Ach más fada an lá tig an oíche sa deireadh. Tháinig Oíche Shamhna agus chruinnigh muid uilig tigh Néill Uí Bhaoill. D'fhan muid tamall ann ag déanamh cleasann go raibh sé ag druidim le leatham luí. Ní raibh a fhios againn mar ba cheart cén garraí ar chóir dúinn ár n-aghaidh a thabhairt air. Bhí cuid ag iarraidh a ghabháil a fhad le garraí Sheáinín Pheadair agus cuid eile ag iarraidh a ghabháil a fhad le Croían, agus ba doilígh an rud a bhí ann a shocrú. Sa deireadh rinne muid a ghabháil a fhad le cuid cáil Chroíáin.

D'imigh muid linn. Bhí an oíche chomh dorcha agus nár léir duit do mhéar a chur i do shúil, agus bhí an bealach corrach, clochach, garbh, aimhréidh. Níor luaithe amuigh as poll uisce muid ná a bhí muid istigh i gceann eile, agus nuair a bhí muid ag bun an rása bhí muid fliuch báite, salach, cáidheach. Chuir fear inteacht grág as féin nuair a bhí muid ag an gharraí. D'amharc muid suas agus tímid Croíán ina shuí thuas, tine bheag aige agus plaincéad caite air, agus an madadh ag tafann. Níor luaithe a chuaigh muid isteach sa chál ná a mhoithigh Croíán muid. D'éirigh sé ina shuí agus thoisigh sé a mhallachtaigh orainn agus a dhreasú an mhadaidh ionainn. Ní raibh lá airde againn air. Fuair achan duine againn ceirtlín a ghoid ina ainneoin. Dá luas is a fuair mé féin ceirtlín a sciobadh liom bhain mé an baile amach agus chuir mé suas os cionn an dorais í. Chuaigh mé a luí, ach níor chodail mé néal ach ag smaointiú gur thruaigh mé mura dtaradh bean inteacht isteach ar mo cheirtlín a mbeadh Anna uirthi.

An Domhnach a bhí an lá arna mhárach ann. D'éirigh mé agus bhain mé Aifreann Chionn Caslach amach, agus ba trom mo chroí agus mo choiscéim ag tarraingt ar an bhaile domh. Gan a fhios agam cé a tháinig isteach ar mo cheirtlín nó an dtáinig aon duine isteach uirthi! Bhain mé an baile amach, agus cé a fuair mé istigh romham ach Anna Pheadair Óig! D'éirigh mo chroí le lúcháir. Bhí mé cinnte ansin gurbh í Anna Ní Bhraonáin a bheadh agam mar mhnaoi. Reath an scéala amach fríd an chomharsain gurbh í Anna Pheadair Óig a tháinig isteach ar mo cheirtlín, agus ní raibh dul amach ar an doras agam nach mbíthí ag magadh orm fá Anna Ní Bhraonáin. Ba é sin an rud ba mhaith liomsa — iad a bheith a mo lua le Anna, ach nach liginn a dhath orm féin.

XXV

Mo Phósadh agus Mo Shaol ó shin

Pósadh mé i gceann tamaill ón Oíche Shamhna sin a bhí mé a inse duit. Bhínn ag gabháil go Cúl an Chnoic a dh'amharc ar Anna, agus ar mhéad agus a bhí mé a chaitheamh ina cuideachta sin mar ba doirte a bhí mé ag éirí daoithi. Rinne mé suas m'intinn nach ligfinn an geimhreadh sin amach gan a ghabháil chuici. Dar liom gur rud a bhí ann a gcaithfinn a dhéanamh ar scor ar bith, agus gur mhaith duine inteacht ag fear le aire a thabhairt dó i ndeireadh a shaoil is a laetha. An oíche Dhomhnaigh sin a bhí ag tarraingt orm chuaigh mé suas mar ba ghnách liom go bhfaca mé í. Bhí mé eadar dhá chomhairle caidé a dhéanfainn — cé acu a d'fhuígfinn í an bhliain sin agus a ghabháil go hAlbain agus a ghabháil chuici nuair a thiocfainn ar ais nó a pósadh an t-am sin, agus Albain a bhaint amach. Ach bhí a oiread de nóisean agam daoithi agus nár mhaith liom a fágáil gan a ghabháil chuici. Lig mé mo rún léithi an oíche seo agus tháinig sí liom i gceart fán chúis. Dúirt sí go raibh sí sásta go breá ar achan dóigh ach gur mhaith léithi comhairle a hathara agus a máthara a fháil air. Dúirt mé féin, ar ndóigh, go raibh sin ceart, agus ó tharla go gcaithfeadh go rachainn féin agus cupla fear eile suas oíche inteacht. Leag muid amach oíche Dhéardaoin a dhéanamh de.

Lá arna mhárach bhí mé féin ag teacht ón Chaorán Mhór le cliabh mónadh. Cé a casadh orm ar an bhealach ach Donnchadh Phaidí Sheáinín! D'fhág mé an cliabh ina shuí ar chloch an scíste agus shuigh mé féin agus Donnchadh mar a nímis i gcónaí nuair a chastaí ar a chéile sinn. Bhí mé féin iontach mór le Donnchadh riamh, agus scéal rúin ar bith dá mbíodh agam d'insinn dó é.

"A Dhonnchaidh," arsa mise, "tá mé ag smaointiú a ghabháil chuig mnaoi."

Chuaigh Donnchadh a gháirí.

"Ag magadh atá tú," ar seisean.

"M'anam, muise, nach ea," arsa mise, "nó chuir mé na gnoithí chun tosaigh oíche Dhomhnaigh uirthi, agus ní thig liom a ghabháil ar mo chúl anois ann."

"Creidim gur chuig Anna atá tú ag gabháil!" ar seisean.

"Is chuici," arsa mise. "Caidé do bharúil dithi?"

"Níl aon chuid mhór eolais agam féin uirthi," ar seisean, "ach má tá tú féin sásta dithi, nach cuma duit caidé a déarfas duine ar bith eile?"

"Tá sin fíor," arsa mise, "agus aon uair amháin a chuireas duine rud mar sin ina cheann níl sé sásta go gcuire sé thairis é. Tá sé déanta amach agam a ghabháil dá hiarraidh oíche Dhéardaoin."

"Shíl mé dheamhan lá iomráidh a bhí agat air," arsa Donnchadh.

"Is beag a shíl mé féin aon am amháin," arsa mise, "gur fán tsliabh a bhainfí móin domh. Dá bhfanadh Bell díomhaoin, ní dóiche gur ann; ach ó tharla go deachaigh an saol mar a chuaigh sé, a chead aige. Caithfidh tú a rá gurb í seo an bhean a bhí i ndán domh i ndiaidh an iomláin. Cinnte, beidh tú liom?" arsa mise.

"Nach cinnte go mbeidh!" ar seisean.

Tháinig oíche Dhéardaoin. Chóirigh mé mé féin — bríste muilscín, corsaicí geal, bearád píce, haincearsan Paisley agus péire de bhróga troma. Ní raibh i bhfad agam le fanacht le Donnchadh, agus bhí an cóiriú céanna airsean. Níor lig muid dadaidh orainn leis an tseanduine, nó bhí a fhios againn gur luath go leor a chluinfeadh sé é.

Bhog muid linn siar an Pollán Bog agus siar linn go raibh muid thiar tigh Hiúdaí Mhicí. D'ól muid braon maith ansin, agus cheannaigh achan fhear againn buidéal chúig naigín. Suas linn go raibh muid thuas ag teach na girsí.

Bheadh sé i dtrátha leatham luí an uair seo, agus bhí muintir an tí ar shéala a bheith ag gabháil a luí nuair a tháinig muid isteach. Cuireadh fáilte romhainn agus hiarradh orainn suí. Bhí Anna í féin fríd an teach agus í leathchóirithe, agus aoibh bhreá uirthi. Ba é an chuma a bhí ar an tseanlánúin nár inis sí a dhath daofa. Bhí leisc orainn briseadh ar an oighreogaigh go raibh muid tamall istigh. Fá dheireadh chuir Donnchadh an bhiotáilte thart agus fuair sé uchtach briseadh ar an chomhrá. B'fhada liom féin a bhí an seanphéire gan labhairt. Dúirt siad nach raibh a dhath acu i m'éadan — má bhí Anna í féin sásta, gur chuma leofasan. Ar ndóigh, seo a raibh de dhíobháil ar Anna — comhairle a hathara agus a máthara — agus bhí sin aici anois. Nuair a bhí sin socraithe tugadh gnoithe an chruidh chun tosaigh. Ní raibh sin doiligh a shocrú ach a oiread, nó ní raibh acu ach í, agus thug siad leath an talaimh daoithi san am i láthair agus an t-iomlán nuair a bheadh siad féin réidh leis.

Cuireadh thart an bhiotáilte arís agus chuathas amach a thabhairt curthach don chomharsain. Chruinnigh chomh maith le scór lánúineach isteach agus chaith muid an oíche go pléisiúrtha, eadar an ceol, an damhsa agus an scéalaíocht go raibh uair de lá ann. D'fhan muidinne i ndiaidh na codach eile, go ndéantaí amach cén lá a phósfaí muid. Rinne muid amach an Satharn a dhéanamh de agus gan bainis ar bith a bheith againn.

Pósadh i gCionn Caslach Dé Sathairn muid. Tháinig muid aniar go teach na mná, agus bhí dinnéar réidh fánár gcoinne ansin, préataí agus scadáin agus tae agus arán coirce ina ndiaidh. hÓladh braon an lá sin fosta, agus nuair a tháinig an oíche chruinnigh cuid den chomharsain isteach. Chuir muid isteach an oíche go socair suaimhneach gan a oiread agus lorg gloine ar aon duine. Mise mé féin ba mheasa acu; ach bhí mé i mo dhrabhlás mhór riamh, agus as siocair gur athraigh mé mo shaol, creidim nach dearn sin a dhath níos fearr an scéal. Chuaigh an oíche thart ar scor ar bith, agus bhí achan duine breá sásta dithi i gcosúlacht.

Bhain mé féin an baile amach cupla lá i ndiaidh mo phósta. Ní sásta a bhí an seanduine, leoga, nó níor mhair sé saol úr ná rud eile domh. D'fhan mé sa bhaile tuairim is coicís, agus b'fhurast domh a aithne ar an tseanduine nach raibh sé sásta díom, nó ní labharfadh sé féin liom ach nuair a chaitheadh sé é. Nuair a chonaic mé féin go raibh an seanduine mar seo liom, thug mé fuath don bhaile agus b'fhearr liom ar shiúl as. Rinne mé amach go mbainfinn Albain amach go bhféachainn le a oiread a shaothrú agus a chuirfeadh suas cró beag tí domh. Ach ní raibh mo phasáid agam. Cibé conamar beag a bhí fá mo phócaí sula bhfuair mé an bhean, chaith mé a dheireadh le linn an phósta, agus dheamhan a oiread a bhí agam agus a cheannóchadh unsa tobaca domh chan é amháin a oiread agus a bhéarfadh go hAlbain mé. Agus bhí mé ansin ar feadh tamaill ag gabháil thart, agus mé sásta díom féin agus míshásta san am chéanna. Dá mbíodh mo phasáid agam bhainfinn Albain amach, ach ní raibh.

Chuaigh mé a fhad le Donnchadh Phaidí Sheáinín. Fear a bhí ann a mbíodh dornán fán láimh i gcónaí aige agus — a cheart féin a thabhairt dó — ní raibh sé olc fá dtaobh de. B'fhurast rud a iarraidh air. Mhínigh mé féin an scéal dó, agus ní thearn sé ach a lámh a chur ina phóca agus punta a shíneadh domh.

Bhí mé féin ar shiúl go hAlbain ar bhéal maidne. Fuair mé obair luath go leor i ndiaidh a ghabháil trasna. Níorbh ionann an t-amharc a bhí agam ar an tsaol na blianta roimhe sin agus a bhí agam an bhliain sin. Bhí a fhios agam go gcaithfinn a theacht fríd an tsaol agus go raibh bean le tógáil agam. B'éigean domh stad den drabhlás agus mo chuid airgid a shábháil. D'oibir mé liom go cruaidh an séasúr sin agus nuair a bhí an séasúr istigh bhí a naoi nó a deich de phuntaí agam.

Bhain mé Éirinn amach arís. D'fhanóchainn thall séasúr eile, ach bhí an obair iontach cruaidh agus ba mhaith liom tamall scíste a fháil. Ní raibh mé i bhfad uilig sa bhaile gur thoisigh mé a dhéanamh tí. Ní chuirfinn áit ar bith roimh na seanfhóide le cró tí a dhéanamh air. Tá sin nádúrtha go leor, mar an áit a n-ólann an t-uan an bainne sin an áit ar mhaith leis tarraingt air. Ach faraor! an seanduine a bhí agamsa, ní thabharfadh sé chomh beag le preab spáide domh, chan é amháin áit tí. Nuair a chonaic mé féin nach raibh sé sásta díom, ní raibh ní b'fhearr le déanamh agam ach suas an áit a raibh an bhean ina cónaí a bhaint amach. Chuaigh, agus thoisigh mé a dhéanamh tí, agus

leabhra, anásta go leor a bhí mé. Níor chosain sé mórán domh
i ndiaidh an iomláin, nó bhí cuid mhór de mo chuid daoine
muinteartha féin ina saorthaí, agus thug siad lámh chuidithe
domh.

Dá luas is a bhí ceann air chuaigh muid a chónaí ann. Char
thrioblóid riamh é go dtí sin — go raibh teach le coinneáil
agus achan chineál le ceannacht ach an t-uisce. Dá mbíodh
an pósadh le déanamh agamsa an uair sin, bheadh sé gan
déanamh; ach nuair a bhí an margadh déanta ní raibh neart
air. An leabaidh a chóireochas duine, sin an leabaidh a
gcaithfidh sé luí uirthi, agus níl fáth a bheith ag caint.

Ní raibh talamh oibre ar bith ann ach caorán uilig. B'éigean
domh toiseacht agus giota beag de sin a bhriseadh fá choinne
barr beag a bhaint amach as. Agus ba doiligh barr a bhaint
amach as an talamh chéanna, nó ní raibh maith ann i ndiaidh
a bhriste féin, agus chuir mé isteach saol cruaidh go leor ann.

Bhí cúigear de theaghlach agam, beirt ghasúr agus triúr
girseach. Agus ba doiligh cúigear de theaghlach a thógáil sa
tsaol sin gan teacht isteach ar bith agam ach cibé a bhainfinn
as Albain, agus ní raibh sin mór. Fuair muid iad a thógáil chomh
maith agus a tháinig linn go raibh siad ábalta déanamh as daofa
féin. Nuair a bhí, bhain na stócaigh Albain amach. Bhí mé ag
gnóthú rud inteacht orthu a fhad agus a bhí mé os a gcionn,
ach nuair a d'éirigh mise ró-aosta stad mé de ghabháil go
hAlbain, agus d'imigh siadsan gan mhaith. Bhain na girseachaí
an Lagán amach, agus orthusan is mó a ghnóthaigh mé.

Bhí muid ag gabháil i gceart riamh go dtí go bhfuair an
mháthair bás. Bhuail breoiteacht í. Rinne muid ár ndícheall
le biseach a dhéanamh daoithi, ach ní raibh maith ann. Is cosúil
gur doiligh biseach a dhéanamh den bhás. Ó sin suas ní raibh
lá blátha orainn. Scab an teaghlach soir is siar. Ní tháinig na
stócaigh chun an bhaile ó shin. Níl a fhios agam cén cearn ar
an domhan a bhfuil siad ann, nó dheamhan chomh beag le
scríob de pheann a chuir siad chugam ó fuair a máthair bás.
Tá níon amháin de mo chuid pósta i nGlaschú agus dóigh
mhaith uirthi. Scríobhann sise go minic chugam. Tá an bheirt
eile istigh agam ag tabhairt aire domh.

Nuair a bhí aois an phinsin agam chuaigh mé á iarraidh, agus bhí trioblóid mhór agam é a fháil. B'éigean domh siúl go minic ocht míle go dtí an áit a raibh an *committee*. Ní raibh m'ainm le fáil ar an *census* acu, agus bhí mé dhá bhliain thaire an aois sula bhfuair mé é. hIarradh orm sa deireadh dhá fhianaise a fháil agus go dtabharfaí domh é. Fuair mé an dá fhianaise — Feilimí Dhónaill Phroinsiais agus Conall Eoghainín Ó Duibheannaigh. Chuaigh siad liom go hAnagaire a fhad le Séarlaí Mhuiris agus rinne siad fianaise liom go raibh mé an aois. B'éigean domh dhá scilling de *stamp* a chur ar an pháipéar sin agus a chur go Baile Átha Cliath. I gceann na gcupla lá cuireadh chugam an leabhar agus trí phunta de *back money*. Bhí an-lúcháir orm cionn is go bhfuair mé é, agus bhain mé teach Phaidí Óig amach gur ól mé mo sháith.

Tá mé anseo anois thaire mo cheithre scór bliain i ndiaidh an t-iomlán a chur tharam, agus tá mé sásta go breá. Dá mbeadh agam le a ghabháil fríd an tsaol arís, ba doiligh liom a dhéanamh. Chuaigh mé fríd chuid mhór, agus níor mhaith liom fiacha a bheith orm a ghabháil fríd an rud chéanna arís.

Bhí mé iontach folláin riamh. Ní raibh a dhath tinnis cinn orm ach nuair a tharrainginn féin orm é. Ní raibh pian chnámh orm ná déideadh, agus tá an t-amharc agam chóir a bheith chomh maith agus a bhí riamh. Féadaim buíochas a thabhairt do Dhia as sin, nó má chuaigh mé fríd chruatan an tsaoil féin, níor dhadaidh é a fhad is go raibh an tsláinte agam.

Mín an Scáthbhail atá ar an áit a bhfuil mé i mo chónaí. Tá sin tuairim is ar thrí mhíle as Rann na Feirste. Áit iontach uaigneach atá ann. Mar sin féin, bhí an mhuintir a raibh eolas agam orthu go maith domh, agus dhéanfadh siad gar domh ar uair an mheán oíche. Ina dhiaidh sin, tá dáimh agam leis na seanfhóide go fóill, agus beidh a fhad is a bheidh mé ann — fada nó gairid sin. Ach ní thig leis a bheith i bhfad feasta, dá fhaideacht é. Tá mé sásta bomaite ar bith a scairteochaidh Dia orm. Chuir mé isteach purgadóir mór go leor ar an tsaol seo, agus tá mé ag déanamh dá olcas an saol úd eile go bhfuil sé níos fearr ná an saol seo.

Ním corroíche airneáil fá na seanfhóide go fóill. Is fearr liom tarraingt orthu ná áit ar bith eile. Tigh Johnny Shéamaisín is mó a ním an t-airneál, agus oíche ar bith a mbím thíos bíonn oíche mhór chomhráidh againn ar an am a bhí ann fada ó shin. Creidim nach mbíonn mo ruaig síos anois chomh minic agus ba ghnách, nó níl na cnámha chomh humhal agus a bhíodh. Mar sin de, caithfidh mé suí sa teach. ''Gach éan mar a oiltear é agus an fhuiseog sa mhónaidh.''

Nótaí Eagarthóireachta

Focail nach bhfuil de réir an Chaighdeáin san eagrán seo

(go n-)abair tú, abóraidh = (go n)deir
tú, déarfaidh
abhainn (gin. **abhna**)
achan = gach aon
agna = ag a
aigneadh (fir.) = aigne
airneál = airneán
aiscidh = aisce
áit (iol. **áiteacha**)
aiteann (bain.) (gin. **aiteannadh**)
aithne = aithint
Albain (gin. **na hAlbana**)
amugha = amú
anál = anáil
anam (iol. **anamannaí**)
anró (gin. **anróidh**)
ar shon = ar son
asail (bain.) = asal
astar = aistear
athair (gin. **athara**)

babhal = babhla
bagar = bagairt
báillí = báille
bainis (gin. **bainse**)
báith, báitheadh, báthadh = báigh,
bádh, bá
bascáid (bain.) = bascaed
bealach (iol. **bealtaí**)
bearád = bairéad
beathach = beithíoch
beireadh air = rugadh air
beo = breo
bhéarfaidh = tabharfaidh
bheir = rug
bia (gin. **bidh**)
bíos = bhíos (coibh.)
biotáilte = biotáille
bocsa = bosca
bomaite = nóiméad
braitlín = braillín
broslaigh = brostaigh

bucáid = buicéad
buaidh (bain.) = bua
caidé = cad é
caiftín = caiptín
cánaigh, cánóchaidh = cáin, cáinfidh
canstan = canadh
caradach = cairdiúil
castáil = casadh
cathaoir (gin. **cathaoire**)
ceangail, cheangladh = ceangail,
cheanglaíodh
ceannacht = ceannach
céidh (gin. **céadh**) = cé
chuigna = chuig a
cineadh = cine
cisteanach (tabh. **cisteanaigh**, gin.
cisteanadh)
ciumhas = ciumhais
cleachtaithe = cleachta
cliú = clú
cloigeann (bain.)
cneadh = cneá
coillidh (gin. **coilleadh**) = coill
coisreac = coisric
comhlaidh = comhla
comhrá (gin. **comhráidh**)
cónair = cónra
corrú = corraí
cosnamh = cosaint
Críosta = Críost
cruadálach = cruálach
cruaidh = crua
crudh = crodh
cuartaigh, cuartú = cuardaigh,
cuardach
cuid (gin. **codach**)
cumhaidh (bain.) = cumha
cupa = cupán
cupla = cúpla

dadaidh = dada
daimhseoir = damhsóir

daimhsigh = damhsaigh
darna = dara
de (dithi, díofa) = de (di, díobh)
(go) deachaigh = (go) ndeachaigh
(go) dearn = (go) ndearna
deifre = deifir
dena = dá (< de + a)
deor = deoir
dhéanfaidh = déanfaidh
díbreadh = díbríodh
dinnéar (gin. **dinnéara**)
do (domh, daoithi, daofa) = do
  (dom, di, dóibh)
doctúir, doctúireacht = dochtúir,
  dochtúireacht
dóghadh = dó
doiligh (sárch. **doilíocha**)
dona = dá (< do + a)
dúbladh = dúbailt
dúshraithe = dúsraith

eadar = idir
eadradh = eadra
éideadh (fir.) = éide
Éirinn = Éire

fá = faoi
fá choinne = faoi choinne
fá dear = faoi deara
faidhfeoireacht = fífeadóireacht
fairsingeach (fir.) = fairsinge
fáras = áras
féacháil = féachaint
feadhan (fir.) = feadhain
feamnach = feamainn
Féil' Bríde/Pádraig = Féile
  Bríde/Pádraig
fidileoir, fidleoireacht = fidléir,
  fidléireacht
fód (iol. **fóide**)
**(go bh)foghlaimneochadh,
  foghlaimnithe** = (go
  bh)foghlaimeodh, foghlamtha
foscail, foscladh = oscail, oscailt
fostó (gin. **fostóidh**) = fostú
freagar = freagra
fríd (fríofa) = trí(d) (tríothu)
froc (bain.)
fuacht (gin. **fuaicht**)
fuígfidh = fágfaidh
(go bh)fuigheadh = (go
  bh)faigheadh

fuilstin = fulaingt
furast = furasta

Gaeilic = Gaeilge
gaibhte = gafa
gáirí = gáire
gasúr (gin. **gasúra**, iol. **gasúraí**)
geafar (gin. **geafara**)
gealaigh (br.) = geal
gheibh, gheibhheadh = faigheann,
  d'fhaigheadh
gloine (fir.)
glún = glúin
gnoithe(ach) = gnó(thach)
gortha = gairthe
gruag = gruaig
gualainn (iol. **guailleacha**)

inse = insint
inteacht = éigin
iomáin = iomáint
iomrá (gin. **iomráidh**)
ionraice = ionraic

lá (iol. **laetha**)
labharfaidh, (go) labhra =
  labhróidh, (go) labhraí
lach = lacha
le (léithi, leofa) = le (léi, leo)
leabaidh = leaba
leanstan = leanúint
léar = lear
leideadh (fir.) = leid
léimint = léim (ainm br.)
léinidh (gin. **léineadh**) = léine
leisc = leisce
leithphingin = leathphingin
loch (bain.)
locht (gin. **loicht**)
lóntaí = leointe

madadh (iol. **madaí**) = madra (iol.
  madraí)
maidin (gin. **maidne**)
máistreás (fir.)
máláid = málóid
malaidh = mala
manadh = mana
marbh, marbhadh = maraigh, marú
máthair (gin. **máthara**)
méar (fir.)

mionna = mionn
móin (tabh. **mónaidh**, gin. **mónadh**)
moithigh = mothaigh
muirbhfidh = maróidh
mur = bhur
muscail, muscladh = múscail, múscailt/músclaíodh

nádúir (bain.) = nádúr
námhadach = naimhdeach
námhaid = namhaid
ním, ní sé = déanaim, déanann sé
níon = iníon

oibir = oibrigh
oirnéis = uirlis

páighe (bain.) = pá
pasáid (bain.) = pasáiste
peacadh = peaca
pill = fill
pioctúir (iol. **pioctúireacha**) = pictiúr
plainc (bain.) = planc
plaincéad = blaincéad
portaíocht = portaireacht
posta = post
préata = práta
punta = punt

(ní) rabhthar = (ní) rabhthas
ráit = rá
rása = rás
reath = rith (br.)
reathaidh, reachtáil = rith (ainm br.)
rua (gin. fir. **ruaidh**)
ruball = eireaball

saoirsineacht = saoirseacht
Sasain (gin. **na Sasana**) = Sasana
scab = scaip
scafóg = scothóg
scaifte = scata
scáile = scáil
scíste = scíth
scoith = scoth (ainmfh.)
seacaid (bain.) = seaicéad
seachnadh = seachaint
seanchríonta = seanchríonna
seasaigh, seasóchaidh = seas, seasfaidh
seort = sórt
sínteanas = síntiús

siocaithe = sioctha
sleamhain = sleamhnaigh
sloinneadh = sloinne
slóite = sluaite
slupairt = slapaireacht
smaointigh, smaointiú = smaoinigh, smaoineamh
smúidghealach = smúitghealach
socair, socóraidh = socraigh, socróidh
spanóg = spúnóg
spiadóireacht = spiaireacht
srian (bain.)
suathadh = suaitheadh
suipéar (gin. **suipéara**)

tábhairne (bain.)
(go d)tabhra = (go d)tuga
taraim, go dtara, go dtaradh = tagaim, go dtaga, go dtagadh
teangaidh (ain. agus tabh.) = teanga
teangmháil = teagmháil
thaire = thar
(ní) theachaigh = (ní) dheachaigh
(ní) thearn = (ní) dhearna
théid = téann
thig = tagann
tím, tí sé = feicim, feiceann sé
tincleoir = tincéir
tine (gin. **tineadh**, tabh. **tinidh**)
tiompóigh = iompaigh
tiontó = tiontú
tobaca = tobac
toisigh, toiseacht = tosaigh, tosú
traen (fir.) = traein
tráigh = trá
treabhaigh = treabh
troiscneach = troistneach
truaigh (ainmfhocal) = trua
truisleadh = tuisle
trustáil = trusáil
tuigbheáil = tuiscint

uamhach = uaimh
uchtach (bain.)
udaí = úd
uibh = ubh
húradh = dúradh
urradh = urra

vásta = básta
veiste = veist

Ainmfhocail

Le cois a bhfuil thuas, tá tréaniolraí sa leabhar seo thar mar atá sa chaighdeán, **bádaí** < bád, **bonnaí** < bonn, **botaíonnaí** < botaí, **cabhsaíocha** < cabhsa, **cleiteacha** < cleite, **corsaicíonnaí** < corsaicí, **crosannaí** < cros, **cruitheacha** < crú, **damhsaíocha** < damhsa, **éanacha** < éan, **leabharthaí** < leabhar, **oibríonnaí** < oibrí, **pingneacha** < pingin, **saorthaí** < saor, **stríocacha** < stríoc, **trodaíonnaí** < trodaí, **uaireannaí** < uair, etc. Is minic fosta iolra caighdeánach móide -í ann, **amannaí, bratógaí, buarachaí, cailleachaí, dathannaí, fuinneogaí, girseachaí, gnásannaí, luchógaí, páirceannaí, scéaltaí, úllaí**, etc.

Úsáidtear saintabharthach mar **cailligh, cneidh, crúbóig, mnaoi, nín, slait, sréin, uamhaigh**, etc.

Úsáidtear sainghinideach iolra mar **blian, cleasann, curthach** (<cuireadh) **fostaíoch** (< fostó), **guailleach, lánúineach, leabharthach, neadrach, stríocach, titheach, uibheach.**

Aidiachtaí

Úsáidtear saintabharthach mar **ar do chois deis, i dtír choimhthígh, sa smeach dheireanaigh**, etc.

Briathra

ní tháinig, ní thug, nach gcuala = níor tháinig, níor thug, nár chuala
níor dhúirt = ní dúirt
haithneadh, hiarradh, hinseadh, etc. = aithníodh, iarradh, insíodh, etc. (br. saor caite)
codlóchaidh, imeochaidh, triomóchaidh, etc. = codlóidh, imeoidh, triomóidh
d'aithneochadh, dhiúltóchaí, tharrónadh, etc. = d'aithneodh, dhiúltófaí, tharraingeodh, etc.
fanóchaidh, scairteochaidh = fanfaidh, scairtfidh
bhí muid, shíl muid, thóg muid, d'éirigh muid, chodail muid, chuaigh muid, go raibh muid, etc. = bhíomar, shíleamar, thógamar, d'éiríomar, chodlaíomar, chuamar, go rabhamar, etc.
Bíonn -th- (in áit -t-) sa bhr. saor go hiondúil, e.g. **ligthí, má mharbhthar, títhear, smaoiníthear, thógthaí**, ach **castar, siltear, ghlantaí, go n-óltaí, go dtugtaí**, etc.